GRACE DUONG

# ÉVEILLER SON INTUITION

## - TAROT -



LE COURRIER DU LIVRE
27, rue des Grands-Augustins
75006 Paris

Outil intuitif émettant des ondes intentionnelles bienveillantes, renforcé par un amour de la couleur, *Éveiller son intuition* dispense une guidance spirituelle.

L'énergie est composée de vibrations et chaque couleur vibre à sa propre fréquence. Fourmillant d'ondes positives, ce tarot coloré vous permet d'accéder à des réponses pour votre plus grand bien.

Grâce à ces cartes, apprenez à écouter votre voix intérieure pour que chaque jour soit un nouveau départ dans votre vie!

# SOMMAIRE

# 0. Le Fou

Uranus

△ Esprit libre, Pureté, Commencements

Comme c'est excitant ! Le Fou est une carte empreinte d'une pure énergie spontanée. Plein de curiosité et d'enthousiasme, il se lance dans la prochaine aventure. Vous êtes prêt à avancer au fil d'un autre voyage où seul le ciel est la limite ! Vous avez un potentiel illimité dans lequel verser votre exubérance pour donner naissance à des entreprises créatives inédites. Vivant dans le moment présent, vous apprenez à renoncer aux attentes et à vous laisser porter par le courant ! Vous êtes paré pour vous aventurer en territoire inconnu et afficher un esprit pionnier libre dans cette nouvelle phase de votre vie. Vous arborez une attitude insouciante. Le moment est venu de vous découvrir réellement sous de nouvelles formes et d'explorer vos options. Faites confiance à votre instinct, écoutez votre cœur et croyez en vous. Après avoir lâché prise, l'Univers vous soutiendra dans ce début passionnant de votre voyage. On ne vit qu'une fois.

▽ Insouciance, Imprudence, Naïveté

Votre état d'esprit actuel : tout tourne autour de vous. Des pensées naïves et des actions irréfléchies vous amènent à vivre constamment dans l'instant présent, sans aucun plan pour l'avenir. Vos actions peuvent être considérées comme égoïstes, nourrissant votre ego et ignorant les conséquences de vos comportements sur votre entourage. En résumé, vous êtes insouciant. Freinez votre ego et demandez-vous si vos actes reposent sur la plénitude et la confiance, ou sur l'incertitude et l'insécurité. Ancrez-vous et trouvez votre centre intérieur. Vous pourriez aussi vous retrouver dans une situation de vulnérabilité où l'on pourrait profiter de vous. Ne soyez pas naïf et menez votre enquête ! Soyez prêt à toutes les rencontres, qu'il s'agisse d'un entretien, d'une réunion ou d'un rendez-vous. Les risques peuvent être payants pour le moment, mais vous coûter cher à long terme.

# I. Le Magicien

Mercure

△ Inventivité, Manifestation, Potentiel réel

Vous faites des étincelles ! La création est à l'honneur, que vous déversiez votre énergie dans un nouveau cycle de vie ou un projet créatif. C'est le moment de rassembler toutes vos ressources pour manifester vos désirs. Votre boîte à outils est complète, incluant tous les éléments nécessaires. Dans le cas contraire, les bons instruments apparaîtront exactement quand vous en aurez besoin ! Vous êtes plein de ressources et trouvez en permanence des solutions innovantes aux problèmes avec grâce et facilité. L'Univers vous soutient et vous donne le pouvoir de manifester vos désirs dans le monde extérieur. Des opportunités infinies sont disponibles alors que vous continuez à suivre le courant. Soyez clair sur vos intentions et utilisez-les pour nourrir une action ciblée. Plus vous serez précis, plus vous magnétiserez votre énergie créatrice et manifesterez la magie. Revendiquez votre pouvoir !

▽ Tromperie, Manipulation, Potentiel inexploité

La carte inversée du Magicien peut indiquer la frustration et le manque de clarté. Vous avez l'impression d'avoir tellement plus à donner, mais que vos talents ne sont pas vus, valorisés ou appréciés. Ce serait le moment idéal pour vous interroger : « Quels sont mes blocages et que puis-je faire pour changer ma condition actuelle ? » Ils vous empêchent d'exprimer toute l'étendue de vos compétences. Ils vous maintiennent emprisonné dans une boîte. Or, tout ce que vous voulez, c'est être libre et vous épanouir ! Méfiez-vous des personnes et des situations qui n'ont pas vos intérêts à cœur. En raison de votre vulnérabilité, vous êtes une cible de choix pour les manipulateurs et risquez d'attirer involontairement des personnes louches. Utilisez vos ressources pour vous tirer d'affaire. Protégez-vous et ne tombez pas dans leurs pièges – ou ne vous faites pas avoir par les vôtres.

# II. La Grande Prêtresse

La Lune

△ Intuition, Sérénité, Déesse sacrée

Maîtresse de l'inconscient, La Grande Prêtresse vous demande d'écouter votre voix intérieure. Elle combine sérénité, connaissance profonde et sagesse collective pour vous guider vers votre intuition. Faites confiance à votre instinct et laissez-le vous orienter vers les bonnes réponses. Ne forcez pas le contrôle, laissez plutôt les situations se dérouler comme prévu. En ce moment, portez une attention particulière à vos rêves : ils vous délivrent des messages subliminaux susceptibles de vous aider pendant vos heures de veille. Regarder vers l'intérieur plutôt que vers l'extérieur peut vous fournir la guidance que vous recherchez. Votre imagination déborde de créativité et de fluidité, libre de toute logique et de tout aspect pratique. Incarnez le féminin divin présent en votre for intérieur pour vous reconnecter avec la source de vie fertile nichée en chacun de nous. Faites confiance à votre intuition en expansion pour vous guider vers votre destination.

▽ Reconnexion, Négligence, Secrets

Le déséquilibre entre l'essence masculine et l'essence féminine de votre âme vous fait douter de vous-même et de vos décisions. Cette déconnexion entre vous et votre voix intérieure entraîne des distractions perpétuelles, un bourdonnement constant qui engourdit vos pouvoirs intuitifs. Prenez le temps d'être tranquille avec vous-même pour vous mettre au diapason de votre sagesse innée. La Grande Prêtresse essaie de vous parler mais vous l'ignorez carrément, prétextant « être trop occupé ». Vous tourner vers des sources extérieures pour obtenir des réponses n'aboutira qu'à vous ramener au point de départ. La carte inversée vous envoie le signe d'entrer en contact avec votre Moi supérieur. Faites de la place pour vous détendre en ne faisant absolument rien ! Vous le méritez. L'intuition que vous possédez de manière innée vous donnera toutes les réponses dont vous avez besoin, seulement si vous l'y autorisez.

# III. L'Impératrice

Vénus

△ Déesse, Féminité, Terre-Mère

Gouvernée par Vénus, L'Impératrice est la carte de l'amour, de la créativité et de la fertilité. Elle célèbre la beauté dans la vie et encourage à vous laisser inspirer en prenant du temps pour vous. Connectez-vous avec votre énergie féminine et immergez-vous dans des activités agréables. En bref, amusez-vous ! Ce personnage vous implore d'explorer votre environnement, d'exprimer votre créativité et de planter les graines propices à une récolte fructueuse dans votre vie. Respectez la Terre-Mère : sa source vous ancrera tout en vous permettant d'accéder à votre conscience supérieure pour trouver l'inspiration. L'Impératrice est une âme nourricière qui se soucie profondément de son entourage. Prenez exemple sur ses vibrations bienveillantes et soutenez les personnes qui font partie de votre vie. N'oubliez pas de vous nourrir vous-même, c'est le plus beau cadeau que vous puissiez faire aux autres.

▽ Dépendance, Attachement, Stérilité

Il existe un manque d'harmonie dans votre vie, alors que vous essayez de jongler avec tout pour maintenir l'équilibre. Vous disperser et faire passer les besoins des autres avant les vôtres suscite en vous un stress inutile. Vous devez vous réaligner sur vos propres désirs pour vous resynchroniser. Faites le plein de vitalité pour avoir suffisamment à donner sans épuiser vos ressources. Le manque d'énergie et les blocages créatifs vous laissent la sensation de manque d'inspiration et de monotonie. Peut-être endossez-vous aussi le rôle d'une mère autoritaire, trop protectrice ou exigeante vis-à-vis de ses relations. Qu'il soit trop ou insuffisamment mûr, le fruit n'est pas prêt à être cueilli. Ressourcez-vous, et vous pourrez trouver votre centre ! Ancrez-vous à nouveau aux vibrations bienveillantes de la Terre-Mère avec compassion.

# IV. L'Empereur

Le Bélier

△ Autorité, Ambition, Pouvoir

Figure paternelle du tarot, L'Empereur règne en imposant son autorité suprême. Il incarne la structure et la stabilité, renforcées par une action décisive visant à manifester facilement les idées sous forme d'accomplissement et de gain monétaire. Sa guidance et ses paroles avisées reposent sur son expérience du monde. Ses blessures de guerre en sont la preuve ! Maintenez votre autodiscipline, contrôlez vos émotions et prenez des décisions réfléchies pour avancer. Le personnage reflète votre côté ambitieux, au sein duquel vous recherchez le statut, le succès et la reconnaissance. Il représente un penseur stratégique et vous incite à exécuter vos plans de manière systématique et contrôlée. Embrassez votre guerrier intérieur. N'ayez pas peur d'endosser un rôle de leader – vous maîtrisez parfaitement la situation et rien ne peut vous arrêter !

▽ Tyrannie, Domination, Entêtement

Il existe une force dominatrice dans votre vie, qu'elle émane de vous, de votre patron ou d'une figure paternelle. Supporter cette autorité vous a laissé un sentiment d'impuissance. Soit vous vous pliez aux règles, soit vous décidez de vous défendre contre cette entité autoritaire. C'est une période où vous vous sentez inspiré pour lancer votre propre société. Vous libérer de la routine de la vie d'entreprise et des patrons rigides vous permettra de devenir votre propre empereur et de tracer votre chemin. Vous éprouvez un dédain subtil pour l'autorité, même si vous avez peut-être besoin de structure dans votre existence. Établir la vôtre dans vos activités quotidiennes peut vous apporter une certaine flexibilité. Ainsi, vous consacrerez moins de temps à l'organisation et davantage de moments à créer l'existence que vous voulez vivre.

# V. L'Hiérophante

Le Taureau

△ Esprit conventionnel, Institution, Tradition

Restez éveillé ! L'Hiérophante vous invite à honorer les traditions dans votre vie. Honorer les rituels, grands ou petits, peut contribuer à vous faire sentir ancré. En ce moment, vous êtes attiré par l'idée de rejoindre un groupe, une communauté ou une organisation possédant des règles que vous devrez suivre. En intégrant ces assemblées, vous élargirez votre champ d'action et accroîtrez vos connaissances. La force du nombre vous permet d'éprouver un sentiment d'acceptation, d'unité et d'identité. Tournez-vous vers votre lignée ancestrale ou votre religion pour mettre en lumière la sagesse du passé. Le personnage vous guide tout au long de votre voyage spirituel à travers l'unité dans la communauté, les rituels accompagnés de règles et la structure dans les sociétés. Soyez prêt à assimiler autant d'informations que possible ! Un apprentissage plus poussé conduit à mieux comprendre votre Moi supérieur.

▽ Rebelle, Franc-tireur, Confinement

Laissez rugir cette rébellion ! Vous vous libérez de la norme et défiez le statu quo. Après vous être senti prisonnier de toutes les règles qui vous ont été imposées, vous choisissez de suivre votre propre voie, que cela plaise ou non à votre entourage ! C'est une période où vous remettez en question les conventions et les règlements de la société, en réalisant que tout n'est pas comme il semble. Ce n'est pas parce qu'on vous a dit de faire les choses d'une certaine façon qu'il n'en existe pas d'autres. La lame inversée peut également représenter une figure d'autorité dans votre vie qui s'affirme en essayant de vous contrôler. Méfiez-vous d'elle. Elle peut vous forcer à respecter des règles que vous voulez enfreindre car elle perçoit votre besoin de liberté comme une menace. Choisissez vos batailles à bon escient.

# VI. Les Amoureux

Les Gémeaux

△ Amour, Alignement, Choix

L'amour est dans l'air ! Un lien fort entre deux amoureux s'épanouit, synonyme de perfection absolue. La passion, le désir et l'attirance mutuelle règnent. Ils se traduisent souvent par un mariage, une connexion avec une âme sœur ou une relation intime très étroite. L'esprit, le corps et l'âme sont entrelacés et s'assemblent pour se sentir complets. Outre les partenaires, cette carte peut également signifier que vous vous alignez beaucoup plus étroitement sur vos valeurs fondamentales. Des choix se présenteront à vous, mettant à l'épreuve votre évaluation de ce qui vous convient le mieux. Restez fidèle à vous-même, même si les bruits extérieurs peuvent dire le contraire. Vous êtes le seul à connaître vos véritables désirs et à pouvoir prendre les décisions nécessaires pour être honnête envers vous-même. Vos intentions vous guideront vers le chemin qui mène aux désirs les plus profonds de votre cœur.

∇ Déséquilibre, Désalignement, Différences

Le thème du désalignement est présent dans votre vie, que ce soit avec votre amoureux ou par rapport à vos valeurs personnelles. Dans la première situation, peut-être vous rendez-vous compte qu'il existe des différences fondamentales entre vous deux impossibles à concilier. Pour le dire crûment, la phase de lune de miel est terminée. C'est à vous de décider si vous êtes prêt à mettre de côté vos différences et à vous souvenir de ce qui vous a réunis au départ ! Si le déséquilibre réside dans vos valeurs, peut-être prenez-vous des décisions impulsives et êtes-vous aveuglé par vos désirs. Dans les deux cas, il serait sage de clarifier vos attentes associées à vos relations, tant avec votre partenaire qu'avec vous-même. La communication et l'introspection sont essentielles. Par conséquent, commencez à faire amende honorable ou laissez tomber.

# VII. Le Chariot

Le Cancer

△ Victoire, Volonté, Motivation intérieure

Vroom ! Vous avez les mains sur le volant et vous êtes prêt à partir ! Vous êtes entièrement focalisé sur vos objectifs et votre volonté vous conduit droit vers votre destination. La route risque d'être cahoteuse. Toutefois, votre détermination, votre confiance et votre dynamisme intérieur vous permettront de vous en sortir en toute sécurité. Les défis auxquels vous vous heurterez pendant votre voyage vous rendront finalement plus fort. Restez focalisé, et vous parviendrez à destination avec un succès retentissant ! Savourez chaque étape tout au long de son déroulement : vous apprécierez d'autant plus d'atteindre l'objectif final. N'oubliez pas de suivre votre propre voie et d'ignorer les détracteurs. Nous avons tous des talents différents à offrir et, si vous restez concentré sur les vôtres, vous gagnerez la course avec style et finesse. Ne perdez pas de vue la récompense.

▽ Absence de but précis, Mauvaise direction, Errance

Il est temps de prendre la place du conducteur ! La vie vous écrase sous le poids d'innombrables drames que vous parvenez à peine à supporter. Peut-être avez-vous l'impression d'avoir perdu le contrôle de certains aspects de votre existence. Prenez le volant et tracez une nouvelle route sur la carte. Décidez de la destination et ne vous découragez pas si vous rencontrez des obstacles en chemin. Passez à l'action et reprenez le contrôle ! Maîtrisez votre agressivité au volant, sinon vous le regretterez plus tard. Évaluez les domaines où vous canalisez le mieux votre énergie pour apporter des changements durables et ceux qui risquent de vous mener à une impasse. Donnez-vous un cap en choisissant de vivre une vie ayant du sens. Forcer les résultats peut être décevant et ne répondra finalement pas à vos besoins. Passez à l'action et les choses se dérouleront naturellement.

# VIII. La Force

Le Lion

△ Férocité, Endurance, Courage

Cette carte ne se limite pas à la force physique, mais désigne souvent votre force intérieure. Elle met en évidence votre croissance et votre maturité, prouvant que vous avez su affronter des situations difficiles avec compassion et patience. Il est naturel pour les humains d'avoir un instinct animal. Vous avez appris à dompter la bête pour vous laisser guider par une conscience supérieure. Maîtrisez vos impulsions et assumez la responsabilité de vous-même et de vos actions. Avec ce pouvoir de contrôle de soi, vous pourrez résoudre vos problèmes avec puissance et grâce. Le courage et la patience sont nécessaires pour affronter vos peurs. Il est essentiel de connecter votre force intérieure et votre force extérieure pour incarner cette énergie impénétrable et féroce avec finesse et habileté. Sachez que vous avez tous les outils en vous pour non seulement persévérer, mais aussi prospérer.

∇ Appréhension, Doute, Anxiété

Récemment, vous avez perdu confiance en vous après avoir connu un revers. Cet accident de parcours vous fait douter et avancer d'un pas timide, vous demandant si vous êtes sur la bonne voie. Vous cédez à votre instinct animal et agissez de façon réactionnelle. Respirez profondément et comprenez ceci : il s'agit d'un retard mineur, et vous êtes suffisamment résilient pour vous en sortir. Nul besoin d'être anxieux – votre moment de faiblesse disparaîtra avec le temps. Pour laisser derrière vous cette période de doute, réfléchissez aux événements positifs que vous vivez actuellement en toute harmonie. Pensez à toutes les personnes qui vous ont aidé en cours de route. Il y a toujours une chose envers laquelle vous serez reconnaissant. Cette reconnaissance vous aidera à traverser ces instants éprouvants. N'oubliez jamais : vous vous suffisez, peu importe ce qui se passe dans votre vie.

# IX. L'Ermite

La Vierge

△ Introspection, Réflexion, Vérité

L'introspection est la clé et vous avez décidé de prendre le temps d'explorer cet aspect de votre être. Chercheur de vérité, les yeux grands ouverts, vous implorez le tréfonds de votre Moi pour vous connaître de diverses manières que vous ignoriez jusqu'à présent. Une certaine agitation régnait dans votre façon de vivre au jour le jour, sachant qu'il existe un sens plus profond attribué à l'existence. L'introspection a tendance à être un voyage en solitaire. Par conséquent, vous vous retirez des activités sociales et vous vous repliez en vous-même. Vous recherchez votre vérité intérieure profonde et définissez vos valeurs fondamentales. Si cela signifie une soirée avec un verre de vin, qu'il en soit ainsi. Vous recherchez l'alignement avec votre esprit, votre corps et votre âme. Vous trouvez de nouveaux moyens de donner en toute conscience la priorité à vos croyances dans votre quotidien.

▽ Solitude, Enfermement, Repli sur soi

L'Ermite vous demande de prendre le temps de vous connecter avec votre Moi supérieur malgré votre quotidien chargé. Vos difficultés à gérer ce dernier ont enflammé votre sentiment d'insatisfaction. En quête de rectitude spirituelle, le moment est idéal pour évaluer vos priorités. Un manque de réflexion intérieure peut vous faire passer à côté du dessein supérieur de votre vie. Prenez garde de ne pas sombrer trop profondément dans l'isolement et de ne pas vous déconnecter du monde extérieur. S'isoler pour trouver la clarté et un but, c'est parfait, mais ne créez pas votre propre enfermement. Rappelez-vous : cette période de réflexion est un choix, et vous pouvez vous libérer de votre propre emprisonnement à tout moment. Sachez ceci : vous n'êtes pas seul et, chaque fois que vous déciderez de tendre la main, une aide secourable sera présente pour vous soutenir.

# X. La Roue de fortune

Jupiter

△ Changement, Destin, Karma

Le changement arrive, que vous le vouliez ou non ! Le destin s'en est mêlé. Il prend dorénavant les rênes, vous faisant entrer dans une nouvelle phase cruciale de votre vie. Peut-être avez-vous l'impression que les choses échappent à votre contrôle, et c'est le cas. Vous avez le choix : vous plaindre ou vous adapter. Il existe un certain confort dans l'incertitude, même si l'inconnu semble intimidant. Tout arrive pour une raison. Donc, croyez que ces changements se produisent pour votre plus grand bien. La vie est composée d'innombrables cycles et il est impossible de vivre les bons moments sans subir les mauvais. Le contraste n'est pas seulement nécessaire, il est aussi inévitable. Ce n'est pas parce que vous avez l'impression que les événements sont indépendants de votre volonté que vous devez vous mettre en retrait. Restez actif et évitez la complaisance. Croyez que vous êtes exactement à l'endroit où vous devez être en ce moment.

▽ Événements malheureux, Résistance au changement, Lâcher-prise

Des forces qui échappent à votre contrôle s'emparent de votre vie en ce moment. Vous subissez une série de malchances et peut-être avez-vous l'impression de n'avoir jamais de répit ! Le malheur et l'accablement peuvent être décourageants, notamment si vous vous en servez comme preuve contre vous-même et votre estime de soi. Ce n'est pas le moment de prendre des risques ! Procédez avec prudence et faites profil bas jusqu'à ce que la tempête soit passée. Perdre le contrôle est effrayant, mais entraînez-vous à voir si ces situations sont ici pour vous donner une leçon plutôt que pour vous causer du tort. La vie fourmille de hauts et de bas, y compris de périodes difficiles. Les défis forgent le caractère : il vous appartient de choisir ce que vous voulez en retirer. Aller à contre-courant épuise votre énergie. Résister au changement est futile – suivez plutôt le courant !

# XI. La Justice

La Balance

△ **Loi, Objectivité, Équité**

La loi est de votre côté ! La balance est équilibrée, maintenant des règles du jeu équitables pour tous. Restez aussi objectif et impartial que possible, gardez vos émotions sous contrôle. L'honnêteté est la meilleure politique dans votre quête de la vérité, l'équité en tête de peloton. Les actions ont des conséquences, et il est temps de se prononcer. Assumez la responsabilité de tout ce que vous faites : cela déterminera si la décision finale vous sera favorable ou non. Avant de vous impliquer dans une situation, assurez-vous de connaître les règles et les règlements pour rester dans la légalité. Les faits sont votre source de preuve, pas les ouï-dire. Vous n'êtes qu'une petite partie du système, mais cela n'a pas d'importance ! Vous pouvez toujours exercer un impact considérable. La Justice signifie devoir traiter des questions juridiques de toute nature. Gardez votre sang-froid et la tête sur les épaules. Laissez la justice régner !

### ∇ Injustice, Iniquité, Délinquance

Des situations, des personnes ou des événements dans votre vie peuvent vous sembler injustes, vous continuez à blâmer quiconque susceptible d'en être tenu responsable. L'injustice a les cartes en main. Au lieu de chercher un bouc émissaire, assumez la responsabilité du rôle que vous jouez. Le karma est dur et vos actions passées sont maintenant en train de vous rattraper. Faites l'inventaire de votre vie en toute honnêteté et voyez ce qui peut être restructuré avec la plus grande intégrité. La situation actuelle est noire et blanche, bonne ou mauvaise, sans nuances de gris ni de place pour les opinions. Examinez objectivement toutes les perspectives et interrogez-vous sur la cause profonde. Soyez honnête avec vous-même. Si vous avez l'impression d'avoir fait de votre mieux pour redresser la situation, tirez-en une leçon et classez-la dans la catégorie « leçons apprises ».

# XII. Le Pendu

Neptune

△ Sacrifice, Patience, Suspension

Suspendu dans le temps alors que tout est en suspens, c'est une étape où vous vous sentez coincé entre l'élan vers l'avenir et les spéculations sur le passé. Des retards et des indécisions sont à prévoir. Vous avez intérêt à reporter toute prise de décision. Prenez du recul sur votre situation et faites de votre mieux pour avoir une vue d'ensemble. Ce petit moment insignifiant pourrait avoir un impact significatif. Le sentiment d'être coincé, n'ayant nulle part où aller, est temporaire. L'activité constante occupe l'ego. Toutefois, en pratiquant la patience, vous permettez l'émergence d'autres opportunités en votre faveur. Autorisez-vous à recevoir ! Retardez la gratification instantanée. Consacrez le temps et les efforts nécessaires pour voir votre vision d'envergure prendre vie. Interrogez-vous : quel aspect anodin seriez-vous prêt à abandonner maintenant pour atteindre votre objectif final ? Sacrifiez les petits plaisirs pour investir dans votre réussite à long terme.

▽ Évitement, Sacrifice, Retard

Consacrer beaucoup d'efforts et d'énergie à une situation ou à une personne vous épuise, surtout lorsque vous n'en êtes pas récompensé. Arrêtez de sacrifier votre temps et vos valeurs pour faire plaisir aux autres ! Si vous repoussez une décision pour éviter la confrontation ou les responsabilités, elle risque de revenir vous hanter. Le moment viendra où vous devrez enfin dire votre vérité. Vous sentir coincé et insatisfait renforce votre conscience de ce que vous souhaitez. Cette suspension dans le temps est en réalité une bénédiction déguisée ! Méditez sur vos problèmes pour obtenir la clarté nécessaire avant d'entreprendre quoi que ce soit. Faites preuve de patience, restez tranquille et prenez conscience que votre vie est plus importante que ce moment précis. Il existe toujours d'autres options. Elles se révéleront à vous au fur et à mesure que vous avancerez sur votre chemin.

# XIII. La Mort

Le Scorpion

△ Changement, Fin, Renaissance

Non, vous n'allez pas mourir : c'est juste une idée fausse sur la carte de La Mort. Cette dernière indique la fin d'un aspect de votre vie, allant d'un emploi à une relation. Elle doit survenir pour vous aider à prendre un nouveau départ, vous faisant entrer dans une période de transition, de renaissance et de renouveau. Son cycle, tout à fait naturel, peut être observé dans l'environnement qui se transforme au fil des saisons. Comme lui, vous traversez une phase de transformation qui s'avérera très importante. Le changement arrive, balayant le passé pour vous permettre de saisir les opportunités de l'avenir. Désencombrez-vous et libérez-vous de tout ce qui est devenu inutile pour accueillir une nouvelle vie. Quand une porte se ferme, une autre s'ouvre. Il n'y a pas de vie sans mort.

▽ Peur, Incertitude, Résistance au changement

La certitude donne un faux sentiment de sécurité, résistant au changement pour garder le contrôle. Vous préférez vous en tenir à ce que vous savez, même si cela vous empêche d'avancer. Votre peur du changement freine votre croissance et vous laisse sur le carreau. Abandonnez tout ce que vous pensez savoir et embrassez l'incertitude. Une fois la résistance éliminée, vous éprouverez un sentiment de liberté et vous n'aurez plus peur de poursuivre vos rêves les plus fous. Vous n'atteindrez jamais votre plein potentiel si vous ne sortez pas de votre zone de confort. Dépassez la complaisance et comprenez que vous êtes le seul à vous mettre en travers de votre chemin. Interrogez-vous sur vos craintes et sur les choses auxquelles vous vous accrochez. Acceptez le changement et allez de l'avant. Vous serez surpris de voir ce que l'avenir vous réserve.

# XIV. La Tempérance

Le Sagittaire

△ Équilibre, Patience, Synergie

L'équilibre est le centre de votre palais ! Au lieu de vous précipiter pour réaliser vos objectifs, vous construisez discrètement les fondations étape par étape. Vous appréciez la synergie et choisissez des situations exemptes d'anxiété et de stress. Vous avez réalisé ceci : la patience et la modération sont essentielles pour aller de l'avant, et vous préférez consacrer du temps à faire un travail de qualité. Quel que soit le degré d'agitation de votre entourage, vous prenez du recul, car vous avez compris qu'il vous est impossible de maîtriser les circonstances extérieures. Cependant, vous pouvez contrôler votre façon de réagir à leur égard. C'est une période d'intense synergie, où les choses se mettent en place grâce à l'équilibre harmonieux que vous avez créé pour vous-même. Vous avez une nouvelle prise de conscience entre votre Moi intérieur et extérieur pour alimenter votre créativité. Ainsi, vous trouvez de la satisfaction dans le processus.

▽ Déséquilibre, Discorde, Frustration

La vie semble déséquilibrée, vous conduisant à éprouver anxiété et stress. Priorisez les activités qui vous font éprouver plus de joie au quotidien. Gérez celles que vous n'aimez pas en vous libérant de vos obligations ou en demandant de l'aide. Vous n'êtes pas tenu de tout faire tout seul ! Faites place à la clarté et nourrissez votre âme d'un amour bienveillant. Organisez vos buts à long terme et agissez en programmant les petites étapes dans votre calendrier. Des avancées progressives vous rapprocheront davantage de la ligne d'arrivée que l'absence totale de mouvement. Il est facile de se laisser submerger par la vue d'ensemble et d'être frustré lorsque vos objectifs ne se réalisent pas immédiatement. Or, les grandes choses prennent souvent du temps. Soyez patient, mettez-y du vôtre et n'oubliez pas de prendre soin de vous. Construisez les fondations de la liberté et laissez-vous porter par le courant.

# XV. Le Diable

Le Capricorne

△ Addiction, Asservissement, Craintes

Le Diable fait allusion aux comportements et aux schémas négatifs qui vous empêchent d'avancer dans la vie. Ce sont souvent des illusions d'emprisonnement où vous vous sentez enchaîné à vos problèmes. Cependant, vous avez le choix de vous libérer ou de vous éloigner à tout moment. Le Diable réside dans les profondeurs du doute, où vous cédez à vos addictions et à vos peurs. Cet état s'apparente à rester dans une relation toxique parce qu'elle vous est familière. Il est temps de la réévaluer avec la lame actuelle : sert-elle vos intérêts ? Dans le cas contraire, rompez vos chaînes ! Même si ce n'est pas toujours facile, vous avez les clés pour vous affranchir de vos difficultés. L'obsession du matérialisme et de la collection de conquêtes vous fait tourner la tête. Reprenez contact avec votre Moi supérieur et réalignez-vous sur vos valeurs.

▽ Conscience, Libération, Autonomie

Vous avez pris conscience de vos relations de codépendance et de vos addictions, vous faites des efforts pour vous libérer des chaînes qui vous ont empêché d'avancer. Vous êtes ouvert à un mode de vie différent, même s'il est effrayant de faire de tels changements, parce que cette situation est devenue familière. Cependant, la familiarité n'est pas saine et vous avez décidé de vous donner les moyens de choisir une autre voie. Le chemin à parcourir ne sera pas facile – vous devrez combattre vos démons intérieurs qui se déchaînent, semant vos craintes et angoisses intérieures comme une forme de leur propre pouvoir. Vous reprendrez toutefois le contrôle en éliminant la négativité et en introduisant davantage d'énergies positives dans votre vie. Vous êtes vulnérable aux tentations, alors redoublez de prudence et d'attention.

# XVI. La Tour

Mars

△ Destruction, Changement brusque, Foudre

Boum ! Aussi rapide qu'un éclair, votre monde a instantanément changé sous vos yeux. La Tour est la lame du changement soudain, ébranlant les fondations de vos constructions. Ce changement peut être inconscient, comme pour les croyances établies, issues de vos parents ; ou littéral, comme un incendie qui a brûlé toute la maison. Quoi qu'il en soit, la tournure des événements vous a retourné, vous atteignant au plus profond de votre être. Il s'agit d'un éveil brutal visant à transformer vos attitudes à l'égard de vos croyances antérieures. Sauvez ce que vous pouvez du naufrage et établissez un plan d'action pour aller de l'avant. La lame évoque aussi la reconstruction après une perte. Construisez-vous à partir de zéro ? Comment gérerez-vous cette période chaotique ? Avec grâce et aisance, ou avec une émotion brute ? Le choix vous appartient. La destruction s'accompagne de la création, donc tout n'est pas perdu.

▽ Avertissement, Peur du changement, Évitement

Ouf ! Vous avez réussi à éviter une catastrophe en vous mettant à l'abri du danger juste à temps. La Tour inversée est un avertissement : des changements radicaux sont en route, mais vous avez le temps de vous préparer avant la tempête. C'est l'occasion de prendre des mesures préventives pour atténuer le choc, en quelque sorte. Il semble aussi que vous résistez au changement et que vous faites tout ce qui est en votre pouvoir pour éviter ces événements malheureux mais nécessaires. Prolonger la situation ne vous aidera pas. Affrontez vos peurs et acceptez le changement comme le début d'un nouveau départ. Des pensées et des actions contradictoires produisent un résultat mitigé. Les actes sont plus éloquents que les mots et communiquent vos pensées les plus intimes. Prenez des risques, soyez audacieux et mettez-vous en valeur. Comme on dit : « Voyez les choses en grand ou restez chez vous. »

# XVII. L'Étoile

Le Verseau

△ Guérison, Inspiration, Sérénité

L'Univers assure vos arrières ! C'est une période de guérison, d'inspiration et de sérénité. Vous pouvez faire confiance à vous-même ainsi qu'aux forces qui vous dépassent et vous prêtent main-forte chaque fois que vous en avez besoin. Vous avez bien travaillé, guéri les vieilles blessures. Vous êtes prêt à vous exposer sous les projecteurs pour exhiber vos nombreux talents. Montrez quel phénomène vous êtes ! Les autres sont attirés par votre authenticité, votre esprit créatif et votre individualité. Après vous être accepté tel que vous êtes, vous avez ouvert la porte pour permettre à votre entourage de voir à quel point vous êtes spécial. Ce qui vous rend différent est aussi ce qui vous fait sortir du lot. Pour faire simple, vous êtes parfait. Regardez l'étoile Polaire et laissez-la vous guider vers votre plus grand bien. Votre poussière d'étoile est contagieuse et les personnes seront inspirées par votre esprit. Le monde est prêt pour votre transformation, à savoir devenir l'étoile que vous avez toujours su être.

▽ Manque d'inspiration, Obscurité, À la dérive

Les nuages ont couvert le ciel nocturne et vous avez perdu de vue l'étoile Polaire qui vous a guidé dans ce voyage. Vous essayez de trouver votre chemin dans l'obscurité et vous vous sentez découragé par l'absence de lumière. Vous vous méfiez de l'Univers, car vous êtes confronté à des tribulations et à des revers. Vous vous sentiez inspiré et maintenant, vous êtes accablé par les tâches à accomplir. Au lieu d'éprouver de l'excitation, vous êtes submergé par la pénibilité à gérer vos idées. Ce n'est pas aussi glamour que vous l'aviez imaginé. Il s'agit d'éprouver votre foi pour voir jusqu'où vous êtes prêt à aller pour surmonter les difficultés et mener à bien votre vision. Si vous êtes disposé à y mettre du vôtre, vous en ressortirez beaucoup plus fort qu'au départ. Persévérez dans l'obscurité, et vous finirez par voir la lumière.

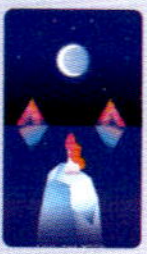

# XVIII. La Lune

Les Poissons

△ Aspects surréalistes, Inconscient, Ombre de notre Moi

Abstraite et surréaliste, La Lune illumine les ombres de notre Moi, les parties de nous-mêmes gouvernées par l'inconscient. Celles-ci sont mises en lumière par nos rêves et nos peurs, projetant souvent nos insécurités sur les personnes et les scénarios de notre vie. Plus nous prenons conscience de notre inconscient, plus nous sommes capables d'identifier si nous agissons à partir de nos pensées irrationnelles ou de notre esprit conscient. Allez au-delà de la surface et plongez en profondeur pour résoudre vos problèmes intérieurs. Votre intuition vous guidera, même lorsque cela ne semble pas avoir de sens. Des forces psychiques sont en jeu et les illusions se dissipent pour révéler la vérité. Il peut être difficile de décrypter la part de réel et la part d'imaginaire, mais tout est connecté. Prêtez une attention particulière à vos rêves et écoutez votre instinct. Vos faiblesses sont aussi vos meilleures forces.

▽ Confusion, Signaux contradictoires, Aspects flous

Des symboles inconscients apparaissent plus souvent que d'habitude et envoient des messages contradictoires. Vous êtes à l'écoute de votre intuition. Or, vous ne parvenez pas à recevoir un signal clair car il est parasité par des bruits et des interceptions. La lumière de la Lune crée un effet de flou, soulignant les peurs et l'anxiété alors que vous essayez de déchiffrer les indices. Vous remettez en question votre être et vos ambitions, les classant dans la catégorie des idées irrationnelles et irréalisables, alors qu'en réalité vous doutez de votre capacité à réaliser vos rêves. Vous êtes en proie à une énergie fébrile : vous désirez agir pour résoudre vos problèmes, mais vous vous sentez coincé sans direction claire pour avancer. N'abandonnez pas ! Allez au fond des choses et découvrez vos blessures profondes. Affranchissez-vous de vos croyances limitantes pour vous libérer de l'aveuglement. La clarté viendra le moment venu.

# XIX. Le Soleil

Le Soleil

△ Vibrations positives, Rayonnement, Chaleur

L'abondance rayonne et se déverse sur vous alors que des rayons jaunes et chauds illuminent vos journées avec confiance et un plaisir teinté de légèreté. Le Soleil est la source de la vie, et vous reflétez ses vibrations positives, attirant les gens vers vous avec votre fantaisie et votre attitude solaire. Il y a de la beauté dans la simplicité ; les petits détails créent une vue d'ensemble de la vie. Savourez les moments simples, qu'il s'agisse de vous promener, rire avec des amis ou encore écrire des haïkus et noter des pensées aléatoires. Amusez-vous ! Le Soleil est la confirmation que des jours plus ensoleillés sont à venir, fourmillant d'optimisme et d'enthousiasme. Après avoir connu un ciel gris et des orages, vous pouvez maintenant apprécier les bienfaits du moment. Vous êtes équipé pour affronter n'importe quelle tempête et aller de l'avant avec l'assurance d'être sur la bonne voie.

▽ Morosité, Aspects sombres, Manque de réalisme

Les jours gris bloquent les rayons chauds : vous avez du mal à rester positif et optimiste. Vous avez récemment vécu des événements malheureux qui vous ont empêché d'atteindre vos objectifs. Le ciel est actuellement assombri par l'incertitude, vous rendant morose et épuisé. Ne craignez rien ! Ces revers sont temporaires si vous vous mettez en tête de faire tourner la chance. Ce sera difficile, mais persévérez, et le brouillard finira par se dissiper. La lame inversée peut aussi indiquer ceci : vous êtes trop optimiste et vous peignez des scénarios fades avec des couleurs inexistantes sur votre palette. Votre exubérance frise le délire et un rappel à la réalité pourrait s'avérer nécessaire pour vous ramener sur terre. Faites la lumière sur la vérité et brillez !

# XX. Le Jugement

Pluton

△ Absolution, Évaluation, Réflexion

Priorisez la réflexion et l'auto-évaluation, car vous avez besoin de temps pour vous régénérer. Vous avez atteint un point de contrôle où vous êtes prêt à évaluer votre vie et à vous libérer de vieilles blessures. Une contemplation tranquille entraîne un éveil, à savoir que vous êtes prêt à changer certains aspects de votre vie pour le meilleur. Vous serez capable de reconnaître les schémas du passé qui vous ont peut-être servi à l'époque, mais qui s'avèrent inutiles aujourd'hui. L'authenticité est devenue importante à vos yeux : vous voulez vivre votre vie en accord avec votre esprit intérieur et votre Moi le plus authentique. Vous avez appris du passé et êtes prêt à appliquer ces leçons dans le futur avec expérience et sagesse. Faites confiance à votre jugement. Vous prendrez vos décisions en vous appuyant sur une osmose parfaite entre intuition et intelligence, enrichie par votre bibliothèque des leçons tirées d'expériences passées.

▽ Doutes, Jugement de soi, Critique excessive

Rongé par le doute, vous rejouez en permanence des situations inconfortables dans votre tête. Libérez-vous de vos insécurités et trouvez ce qui vous tracasse vraiment. Votre emploi du temps est très serré, ne vous laissant pas le temps de réfléchir au passé pour insuffler des changements bénéfiques à votre avenir. Accordez-vous l'espace nécessaire pour demander à votre voix intérieure si ce que vous faites nourrit votre âme. Peut-être êtes-vous cerné par de nombreuses personnes aux opinions tranchées, et les jugements des autres vous pèsent. Chacun a sa propre opinion : ne vous laissez pas influencer par la foule. Faites le point, prenez un moment pour examiner tranquillement vos pensées, écoutez ce que vous pensez vraiment au milieu du bruit. La clarté de votre voix intérieure se fraiera un chemin à travers tout ce vacarme si vous vous accordez un peu de temps.

# XXI. Le Monde

Saturne

△ Accomplissement, Réussite, Unité

Terminé ! Un objectif à long terme a été atteint : vous pouvez maintenant vous asseoir confortablement et vous détendre. Toutes les pièces sont assemblées et vous avez enfin trouvé votre place dans le monde. Célébrez cela – c'est une grande victoire ! Contemplez avec plaisir tous vos progrès réalisés depuis vos débuts. Vous vous sentez fier ? Vous pouvez ! Incroyable tout ce que l'on peut accomplir en s'appliquant. Il y a une acceptation de soi et des autres qui crée la plénitude et l'unité. Vous réalisez ceci : vous faites partie de quelque chose de beaucoup plus grand que vous et vous êtes capable de voir la situation dans son ensemble beaucoup plus clairement. Les fins s'accompagnent de nouveaux commencements. La lame pourrait aussi signifier littéralement que vous allez voyager et faire l'expérience de nouveaux paysages, quelle que soit la destination de votre aventure. Le monde vous appartient !

▽ Dernière ligne droite, Entrave, Obstacle

Si proche, la ligne d'arrivée est juste à votre portée ! La lame inversée indique ceci : la réalisation de vos objectifs connaît des retards, impliquant de prendre des mesures très précises pour concrétiser vos projets. Il est facile de perdre espoir. Peut-être vous sentez-vous découragé car vos objectifs prennent plus de temps pour se réaliser que prévu. Il est facile de prendre des raccourcis, mais cela pourrait avoir des répercussions inattendues. Néanmoins, vous êtes dans la dernière ligne droite, alors n'abandonnez pas maintenant ! Le Monde peut vous donner le feu vert pour terminer, mais il signifie aussi que vous devez régler certains détails. Peut-être ne voulez-vous pas tourner la page et vous accrochez-vous à des relations et à des souvenirs passés. Remarquez où se situe la lame dans votre tirage pour recevoir une confirmation sur la façon d'atteindre cette résolution que vous recherchez.

# As de Coupes

△ Créativité, Expression émotionnelle, Libre circulation

Répandez l'amour ! On vous propose de goûter à des opportunités rafraîchissantes, pleine d'expression émotionnelle et d'épanouissement. L'eau dans la lame vous permet de déborder d'amour et de créativité dans votre relation avec vous-même et les autres. En toute liberté, vous vous autorisez à déverser vos sentiments d'une manière qui purifie et nourrit votre âme. Un désir de compassion et de connexion vous inspire pour tendre une main secourable aux nécessiteux. En partageant vos dons avec le monde, vous devenez beaucoup plus ouvert sur la personne que vous êtes et les talents uniques que vous apportez. Votre inspiration créative est mûre et brille de nouvelles possibilités, début d'un amour profond, de compassion et de bonheur. Votre énergie est contagieuse ! N'oubliez pas de passer la coupe et de partager les bonnes vibrations. Plus vous donnez, plus vous recevez à de multiples niveaux.

▽ Libération, Épuisement émotionnel, Répression

Les émotions s'infiltrent dans tous les domaines de votre vie, les inondant de sentiments refoulés et d'expériences non désirées. Brutes, elles se répandent, et vous avez du mal à les contrôler. D'intenses hauts et bas vous décentrent et vous faites de votre mieux pour rester à flot ! La pression monte et vous êtes sur le point d'exploser ! La guérison implique de faire remonter les sentiments sombres et tortueux à la surface pour vous permettre de les laisser partir. En affrontant, puis en libérant vos sensations, vous franchirez les obstacles et créerez un espace propice à de nouvelles possibilités. Vous accrocher au passé vous épuise émotionnellement et pompe votre énergie. Réévaluez la façon dont vos émotions incontrôlables affectent votre santé et vos proches.

# Deux de Coupes

△ Partenariat, Complémentarité, Dualité

Lorsque deux personnes ne font qu'un, c'est le début d'un partenariat empli de synchronicité et d'équilibre. Vous jouez sur les forces et les faiblesses de l'autre et êtes capable de créer une relation complémentaire, ouverte et solidaire. Les opposés s'attirent, vous rendant tous les deux plus forts lorsque vous travaillez ensemble. La confiance et le respect se sont construits au fil du temps entre vous. Vous communiquez votre engagement l'un envers l'autre. Il peut s'appliquer à un partenariat en affaires, en amour ou en amitié. Dans tous les cas, vous ressentez les vibrations de votre partenaire, entraînant une relation épanouissante et satisfaisante. Cet état peut également concerner la relation que vous entretenez avec vous-même. Nous possédons tous une dualité en nous, et le Deux de Coupes vous demande de vous traiter avec l'amour et la compassion que vous recherchez chez votre alter ego.

▽ Rupture, Confrontation, Déconnexion

Incapable de régler les conflits, vous luttez pour maintenir vos relations en ce moment. Vous avez du mal à vous entendre avec votre partenaire. Cet état provoque une rupture entre vous deux, créant une énergie pesante et contrainte. Au lieu de rejeter la faute sur l'autre, demandez-vous si des schémas non résolus du passé ne sont pas en train de se reproduire dans le scénario actuel. Peu importe, que ce soit vous ou l'autre personne, il existe un manque de connexion émotionnelle et de confiance. Ce déséquilibre pourrait marquer la fin d'un partenariat, vous conduisant à prendre des chemins différents et à suivre votre propre voie. Toutes les relations ne sont pas destinées à durer éternellement ; elles ont une place et une durée dans votre vie. Au lieu d'être amer, appréciez les bienfaits qu'elles vous ont apportés et la façon dont cette expérience vous a fait grandir.

# Trois de Coupes

△ Célébration, Équipe de rêve, Communauté

Chaque jour est une fête ! Votre vie sociale est rythmée par les moments festifs passés avec vos meilleurs amis et votre famille. Anniversaires, mariages, happy hour – autant d'occasions de passer du bon temps avec vos proches. Vous vous sentez profondément connecté avec votre communauté et vous savourez les moments vécus ensemble. L'harmonie circule à travers vos engagements et vos relations, créant un équilibre entre le travail et les loisirs. La lame représente également des groupes de personnes se réunissant pour travailler à une cause commune. Si vous vous sentez stressé, pensez à prendre du temps pour vous détendre avec vos proches. Comptez sur vos amis de cœur pour vous aider à traverser les moments difficiles. Laissez-vous aller ! Rien n'est trop grand ou trop petit pour être célébré, surtout lorsque vous êtes en bonne compagnie. À l'amour et à la chance dans votre vie !

▽ Conformité, Liaison, Tendance à vouloir plaire à tout le monde

S'intégrer pour plaire à la foule consiste à faire passer les besoins des autres avant les siens. Le groupe que vous fréquentez peut s'avérer étroit d'esprit et critique. Demandez-vous si vous êtes prêt à sacrifier vos besoins pour l'intégrer ou suivre le courant. Si ce cercle n'est pas pour vous, il y en aura un autre prêt à vous accepter tel que vous êtes ! Abandonnez l'habitude de vouloir plaire à tout le monde. L'état d'esprit « travaillez beaucoup, s'amuser beaucoup » pourrait vous laisser un sentiment de vide, plutôt que de plénitude. Sur le plan romantique, peut-être révèle-t-il ceci : vous êtes le troisième dans une relation et vous avez affaire à un partenaire infidèle. Rappelez-vous le dicton « trois, c'est trop ». Peut-être n'avez-vous pas assez de place pour occuper celle-ci dans votre union et vous déployer pleinement. Vous êtes votre priorité absolue et méritez de prendre tout l'espace dont vous avez besoin.

# Quatre de Coupes

△ Distraction, Repli sur soi, Rumination

Bien que satisfait de votre vie, vous vous ennuyez et vous vous sentez agité. La course sans fin vous épuise et le statu quo ne vous convient plus. Vous êtes en désaccord avec vous-même. Écoutez-vous vos désirs les plus profonds ou stagnez-vous pour rester en sécurité ? La peur de l'inconnu vous pousse à vous replier sur vous-même, à vous éloigner des distractions pour trouver la paix. Le moment est venu de contempler, de méditer, de réfléchir à ce que vous désirez vraiment en vous demandant si vous vivez votre vie à fond. Les opportunités sont là, souvent juste devant vous ! Peut-être êtes-vous trop absorbé par vos propres problèmes pour remarquer les possibilités qui s'offrent à vous. Changez de perspective, ouvrez les yeux. Vous constaterez que ce que vous cherchez est beaucoup plus accessible que vous ne le pensiez au départ. Vous avez plusieurs options !

▽ Obstination, Égocentrisme, Opportunités perdues

Des opportunités se trouvent juste sous votre nez. Or, vous n'en êtes absolument pas conscient car vous êtes absorbé par vos problèmes personnels. Vous êtes convaincu qu'il n'existe qu'une seule façon de les résoudre, au lieu d'être ouvert aux possibilités. Atteindre vos objectifs, c'est parfait, mais n'oubliez pas ceci : c'est l'expérience progressive du voyage qui rend la ligne d'arrivée si satisfaisante. Il n'est pas constructif de rester coincé dans un enchaînement de pensées négatives, surtout si vous faites ce voyage seul. Il y a une différence entre être seul et se sentir seul. Vous protéger en vous éloignant de vos relations signifie vous isoler au lieu de vous préserver. Ouvrez-vous à des opportunités, personnes et lieux insoupçonnés. Dire oui peut en fait vous conduire exactement là où vous devez aller.

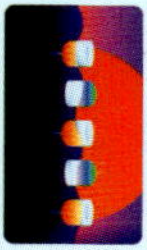

# Cinq de Coupes

△ Déception, Revers, Perspective

Le verre est-il à moitié plein ou à moitié vide ? Des revers décevants vous ont enlisé dans une routine. Cette dégringolade vous replonge dans des souvenirs douloureux où les attentes sont loin d'être satisfaites. Amer et brisé, vous êtes plein de ressentiment à l'égard de ce qui vous est arrivé, et vous prenez mal votre échec. Il est normal de s'accorder un moment pour s'en vouloir. Toutefois, il vous incombe de décider combien de temps vous vous y complairez. Pardonnez aux personnes qui vous ont blessé dans le passé – y compris vous-même – pour avoir cru qu'elles avaient le pouvoir d'agir de la sorte. Au lieu de penser à quel point ce comportement est humiliant, réfléchissez aux leçons que vous avez apprises. Peut-être faudra-t-il un certain temps pour que la douleur disparaisse, alors laissez ce processus vous guérir. Vous en sortirez beaucoup plus sage qu'au départ.

▽ Pardon, Maturité émotionnelle, Rétablissement

Il n'est pas facile d'affronter la déception, alors soyez fier de vous. Vous avez fait un grand travail intérieur. Vous êtes dorénavant prêt à vous libérer et à aller de l'avant. Surmonter vos regrets et accepter votre passé vous rapproche de la liberté personnelle. Un pas après l'autre, vous cédez à la vulnérabilité. Même si le passé a été douloureux, vous reconnaissez que la vie sera pleine de moments heureux et malheureux. Savoir ce que vous ne voulez pas est le meilleur moyen de savoir ce que vous voulez. Si vous avez du mal à lâcher prise, c'est le moment de regarder votre propre ombre en face et d'inonder de lumière votre obscurité. Faites remonter à la surface vos sentiments pour pouvoir tourner la page et aller de l'avant. Le changement, bien qu'inconfortable, est parfois nécessaire pour élever votre vie.

# Six de Coupes

△ Familiarité, Innocence, Nostalgie

C'est l'heure de la récréation ! Faire une promenade dans le passé vous rappelle des souvenirs d'enfance, fourmillant de chaleur et d'innocence. Revivre des souvenirs vous rend nostalgique du bon vieux temps, sans stress ni inquiétude. Le réconfort et la sécurité de vos réminiscences chaleureuses et joyeuses manquent cruellement dans votre quotidien. Vous êtes nostalgique de la familiarité, de la chaleur et des époques plus simples. Les responsabilités peuvent vous sembler lourdes à mesure que vous vieillissez, et vous avez envie de remonter le temps. Retrouvez votre enfant intérieur, laissez-le sortir et jouer ! Autorisez-vous à découvrir le monde d'une nouvelle manière, comme un bébé avec des yeux neufs. Il y a toujours de la place pour plus de rires et de joie. Le cœur ouvert, ressentez la pureté de l'innocence de l'enfance vous emplir d'inspiration et de joie légère.

▽ Lunettes pour voir la vie en rose, Traumatismes d'une enfance idéalisée

Le passé revient vous hanter ! Piégé dans le temps, les traumatismes non résolus de votre enfance vous affectent et freinent votre croissance. En vivant dans le passé, vous passez à côté des moments de joie qui se présentent à vous. Les lunettes pour voir la vie en rose faussent votre perception de ce qui « devrait » être, par rapport à ce que reflète votre réalité. Soignez vos blessures passées avec compassion et amour. Traitez-vous comme un petit enfant qui veut juste être vu et entendu, et répondez à ses besoins. Accepter la personne que vous êtes plutôt que jouer une version idéale de vous-même vous aidera à aller de l'avant avec un pouvoir authentique. Commencez le processus de guérison dès maintenant et retournez la situation avec le temps. Assumez vos responsabilités et exploitez votre potentiel ! Soyez fier de ce que vous êtes devenu, avec tous vos défauts et qualités.

# Sept de Coupes

△ Illusion, Prix, Tentation

Faites attention à ce que vous souhaitez ! De nombreux prix se présentent à vous, dont certains ne sont peut-être pas dans votre intérêt. Vous projetez vos rêves dans la réalité, créant des illusions qui semblent bien trop belles pour être vraies. Trop d'options peuvent être perturbantes. Vous avez en permanence peur de manquer par crainte de faire le mauvais choix. Chaque coupe, remplie d'un souhait, vous offre un prix différent représentant des domaines de votre vie. Toutefois, elle ne promet pas de résultat positif. Soyez clair sur vos visions à long terme de sorte que vos décisions vous rapprochent de vos objectifs. La tentation vous appelle, réveillant des vices qu'il est difficile d'ignorer. Ces choix peuvent toutefois avoir des conséquences à long terme. N'oubliez pas de peser le pour et le contre si vous décidez d'y céder.

▽ Fantasme, Évasion, Diversion

Bien qu'utiliser son imagination soit incroyable, vous êtes actuellement à la limite de l'illusion et du pur fantasme. Le monde réel peut parfois paraître écrasant et vous vous sentez plus en sécurité en vous réfugiant dans vos rêves. Des visions grandioses semblent être à votre portée, mais s'éloignent pour révéler la froide réalité. Apprenez à décrypter la différence entre les illusions et les réalités projetées. Il est temps de sortir la tête hors des nuages et de revenir sur la planète Terre ! Faites de vos rêves une réalité en prenant des mesures concrètes. Si vous plongez les mains dans trop de projets, vous risquez de vous sentir débordé et insatisfait à la fin. Au lieu d'essayer de tout faire, quels sont les domaines de votre vie sur lesquels vous aimeriez vous concentrer ? Mettez fin à la confusion en vous focalisant sur votre objectif. N'oubliez pas de fixer des intentions pour gagner en clarté et vous ancrer tout au long de votre parcours.

# Huit de Coupes

△ Introspection, But plus profond, Rumination

L'insatisfaction du quotidien vous amène à réévaluer votre vie, votre stade actuel et la direction à prendre. Vous vous êtes efforcé d'arriver à ce point de votre parcours et vous vous sentez insatisfait, à la recherche d'une vérité plus profonde. Vous entendez un bourdonnement dans votre oreille qui vous incite à tout abandonner et à faire ce qui vous procure de la joie. Vous avez décidé de vous battre pour votre bonheur et le confort matériel ne vous suffit plus. Vous recherchez une connexion plus profonde avec votre chemin de vie. Les efforts vous font tourner à vide et vous vous négligez. Vous êtes d'humeur à favoriser l'introspection, découvrant comment nourrir vos projets pour les mettre en œuvre. Appréciez votre voyage dans cette période de transition. Vous êtes prêt à dépasser le confort et à commencer à nourrir votre âme !

∇ Évitement, Paralysie, Indécision

Beaucoup d'options s'offrent à vous et il est difficile de n'en choisir qu'une seule ! La peur de manquer de quelque chose vous conduit à stagner et vous empêche d'aller de l'avant avec les options dont vous disposez. Pesez le pour et le contre, puis prenez une décision. Décidez de l'option la plus satisfaisante pour vous sur le plan émotionnel, faites confiance à l'Univers pour vous rencontrer au moment où vous agirez. Vous avez tendance à fuir : c'est le moyen le plus facile de gérer les situations inconfortables. L'évitement peut vous conduire à marcher sans but, pour finalement comprendre que votre manque d'engagement retarde votre désir de trouver un lieu d'appartenance et d'acceptation. Même si cela signifie s'éloigner de ce que vous avez actuellement pour prendre un nouveau départ. Ouvrez votre cœur et engagez-vous à rechercher l'amour et l'intimité que vous méritez afin de pouvoir les recevoir.

# Neuf de Coupes

△ Réalisation de vos souhaits,
Accomplissement, Plaisirs

Vos désirs sont des ordres ! Le Neuf de Coupes, souvent désignée comme la « carte du souhait », est un signe certain que les vôtres seront bientôt exaucés. Béni par l'abondance, vous vous sentez personnellement bien dans votre peau. La raison : vous éprouvez un sentiment d'accomplissement par rapport à un objectif ou à un projet majeur. Il règne un équilibre entre tous les domaines de votre vie : santé, richesse, amour, relations. Parallèlement, votre style de vie idéal s'épanouit. Les désirs de votre cœur ont été comblés, entraînant une satisfaction et un épanouissement émotionnels profonds. Recensez vos bénédictions et tous les bienfaits que l'existence a à offrir en vivant pleinement. La gratitude est l'attitude à adopter, mon ami. Savourez les fruits sucrés de la vie et faites-vous plaisir ! Il est important de profiter du voyage : la destination n'en sera que plus douce.

▽ Complaisance, Impatience, Attentes irréalistes

Votre vision ne se matérialise pas comme prévu, suscitant frustration et contrariété. Vous vous attendez à ce qu'elle apparaisse devant vous sans trop d'efforts. Désolé de vous le dire, mais ça ne marche pas comme ça. Consacrez du temps à votre métier et, lentement mais sûrement, les choses commenceront à bouger. Une vie luxueuse en vaut la peine lorsque vous l'avez méritée. Une attitude complaisante vous procure un bien-être à court terme mais révélera ses effets négatifs à long terme. Prenez soin de vous et sachez dire non. Cette complaisance pourrait masquer un aspect plus profond réclamant votre attention. Soignez cette blessure et interrogez-vous sur ce que compense cet excès. Au cours du processus, soyez aussi compatissant que possible avec vous-même. La modération est la clé pour vous sentir satisfait dans tous les aspects de votre vie.

# Dix de Coupes

△ Plénitude, Connexion, Boucle bouclée

Vous avez bouclé la boucle et vous vous sentez émotionnellement comblé, notamment avec vos relations et votre famille. Les liens que vous partagez sont chaleureux et harmonieux, créant de solides fondations. Votre paix intérieure déborde de clarté et de grâce, allant au-delà des profondeurs, à travers les cellules de votre corps jusqu'à votre âme. Le temps joue en votre faveur, permettant de vous exprimer pleinement dans vos relations. Réjouissez-vous de ce merveilleux moment : c'est ici que vous pouvez apprécier la connexion entre vos amitiés et la relation que vous entretenez avec vous-même. Vous êtes très aligné avec vos valeurs personnelles, créant par là même une force et une résilience séduisantes. Profitez du temps avec vos proches, tout en sachant que la plénitude que vous éprouvez en leur compagnie reflète celle que vous avez créée pour vous-même.

▽ Famille brisée, Incohérence, Blocage de l'intimité

L'image parfaite est à votre portée… ou presque. Vous faites face à un blocage émotionnel qui vous retient de cultiver des relations idéales. Les querelles et les disputes avec votre famille et vos amis vous empêchent de profiter du temps que vous passez avec vos proches. Donnez l'exemple et rétablissez la paix. Traitez les autres avec l'amour et l'attention que vous souhaitez recevoir, et ils finiront par suivre. Cela peut également concerner vos propres valeurs et vous permettre de savoir si vous restez fidèle à vos convictions. L'équilibre n'est actuellement pas une priorité et, ce faisant, vous négligez vos relations. La situation peut vous donner le sentiment d'être seul dans votre quête, même si ce n'est pas le cas. Alignez-vous sur votre vérité, reconnectez-vous avec vous-même, et le reste se mettra en place.

# Princesse de Coupes

△ Flux, Synchronicité, Messages mystiques

Les messages inconscients se faufilent dans votre esprit conscient, vous recevez des notifications intuitives de l'intérieur. La Princesse de Coupes vous insuffle l'inspiration pour créer, faire confiance à votre intuition et l'écouter. Elle vous demande d'avoir l'esprit ouvert aux nouvelles expériences, aux émotions et à la façon dont les nouvelles peuvent prendre forme. Celles-ci peuvent être subtiles ou extrêmes, alors faites confiance à votre instinct par rapport à ce qu'elles essaient de vous dire. Faites attention aux événements et aux symboles synchrones dans les rêves : ils représentent vos guides chargés de vous délivrer un message. Laissez vos émotions s'exprimer librement. La vulnérabilité est votre force, alors montrez que vous avez le cœur sur la main ! Exprimez-vous librement, aussi ouvertement et innocemment qu'un enfant curieux. Les réponses aux questions peuvent apparaître de manière surprenante et ludique.

▽ Déprime, Immaturité, Instabilité émotionnelle

Fuir ne résoudra pas vos problèmes. Quel que soit le vice, il n'apporte qu'un réconfort temporaire susceptible de s'avérer dommageable à long terme. Des signes d'insécurité émotionnelle se manifestent lorsque vous exigez trop de vos proches et que vous n'êtes pas en mesure de leur donner en retour. Il est facile de sombrer dans la déprime, mais croyez en votre capacité de nager au-dessus des vagues. Ancrez-vous en vous-même, demandez à votre enfant intérieur ce dont il a besoin, et allez au fond des choses. En vous occupant de cet enfant, vous pouvez libérer vos blocages présents dans d'autres domaines comme votre créativité et vos relations. L'instabilité émotionnelle et les crises de colère sont inévitables lorsque vous avez des problèmes non résolus. Apprenez à faire le point de temps en temps pour éviter d'exploser émotionnellement lorsque vous êtes provoqué.

# Cavalier de Coupes

△ Romantisme, Exaltation émotionnelle, Adoration

Charmeur, séducteur, amoureux. Vous pourriez recevoir une demande romantique de la part d'une personne d'intérêt ! Le Cavalier de Coupes est très à l'écoute de son intuition et ne craint pas une conversation profonde. Ses émotions jouent un rôle clé dans sa vie et gouvernent ses prises de décision. La carte se manifeste en tant qu'être, événement ou partie de vous-même qui vous mettra de bonne humeur ! Indépendamment du sexe, il existe une chimie tout simplement indéniable entre vous deux. Le personnage vous incite à mettre en lumière votre vision et vous encourage à faire le grand saut. Il a le cœur sur la main et exprime ouvertement son adoration à votre égard. Il indique ceci : quoi que vous choisissiez de faire, vous serez soutenu émotionnellement dans ce processus. Laissez-vous aller et recevez l'amour qui vient dans votre direction !

▽ Humeur changeante, Surcharge émotionnelle, Réactivité

Des émotions explosives prennent actuellement le contrôle de votre vie et de celle de votre partenaire, vous avez tous les deux du mal à les maîtriser. Ressentez toutes les sensations, mais connaissez aussi vos limites. Si vos sentiments vous empêchent d'agir dans votre vie, il est temps de les réévaluer avec des faits avérés. S'apitoyer sur soi engendre des souffrances inutiles et de la mélancolie. Être enclin à brûler les étapes par rapport à vos émotions risque de provoquer des tensions dans vos relations. Cela peut également s'appliquer à une rencontre amoureuse, étonnante au début, mais décevante au fil du temps. Examinez tous les éléments avant de céder à la jalousie et à l'autoritarisme, moyens sûrs de rebuter votre partenaire. Il est facile de se laisser emporter par les souvenirs du passé. Toutefois, tournez-vous vers des aspects positifs du présent, plutôt que du passé.

# Reine de Coupes

△ Intuition, Compassion, Cœur ouvert

D'une sensibilité comparable à celle de La Grande Prêtresse, la Reine de Coupes dirige votre intuition, votre compassion et votre amour. Il s'agit d'une femme stable émotionnellement, qui gouverne équitablement à partir du cœur. Empathique, fixant des limites saines, elle vous demande de faire preuve de compassion et d'amour envers les autres pour votre bien-être émotionnel. L'eau est l'élément s'écoulant avec force et régularité dans sa cour. Elle permet également un flux constant et sans effort. Les projets artistiques s'expriment avec facilité, reflétant votre créativité et votre imagination prodigieuses. Rêveuse dotée d'intuitions psychiques, la Reine guérit les blessures du passé avec des doses de bonté au cœur tendre. Écoutez votre instinct et faites de vos besoins émotionnels une priorité. Vous autoriser à vous exprimer est le plus beau cadeau que vous puissiez faire non seulement à vous-même, mais aussi à l'Univers !

▽ Restriction, Illusion, Surcharge émotionnelle

Un manque d'épanouissement spirituel suscite en vous la soif d'une connexion et d'un sens plus profonds. Les émotions peuvent être considérées comme une faiblesse dans votre éducation. Refoulées, elles risquent d'éclater, vous laissant frustré et accablé en permanence. Par conséquent, être vulnérable provoque en vous un certain malaise. Vous vivez dans un monde imaginaire et avez des attentes irréalistes. Les sautes d'humeur et les comportements manipulateurs vous maintiennent à une distance sûre où la Reine de Coupes inversée peut régner en proie à une rage et à une mélancolie ravageuses. Les émotions des autres vous envahissent au point que vous commencez à vous les approprier. Créez des limites saines et apprenez à écouter vos véritables sensations et non des projections. Protégez votre magie ! Vous êtes la reine de vos émotions.

# Roi de Coupes

△ Équilibre, Pleine conscience, Humanité

La pleine conscience est essentielle pour avoir un impact. Le Roi de Coupes est en mesure de transmettre des émotions avec intention, aptitude et esprit. Il obtient clairement un score élevé au test d'intelligence émotionnelle. Maître des émotions, il est capable d'intégrer l'humanité dans son processus de réflexion et dans son interaction avec les autres. Il établit un niveau de connexion facile avec les personnes. Il peut s'adapter à différentes personnalités, ce qui fait de lui un excellent communicateur. Les eaux sont calmes, même en présence de turbulences. Le personnage peut affronter les tempêtes et gérer des situations mouvementées avec finesse et grâce. Il aime aider les autres et sa guidance est un don susceptible d'influencer fortement les gens. Il incarne un reflet de vous-même ou d'un homme dans votre vie. Il vous rappelle d'intégrer la compassion, quelles que soient les circonstances.

▽ Violence émotionnelle, Personne toxique, Abattement

Signes d'un vampire émotionnel : épuisement énergétique, victimisation et plaintes constantes. Caché dans sa propre ombre, le Roi de Coupes inversé est incapable de s'élever au-dessus de son tsunami émotionnel et vous aspire directement au centre de la destruction. Les émotions toxiques s'infiltrent dans tous les domaines de la vie, s'accompagnant d'un comportement réactif, de manipulation et de méfiance. Prenez la responsabilité de vous-même et des montagnes russes émotionnelles représentées par vos sentiments. Réunissez les aspects masculins et féminins de votre être et écoutez leur guidance. Trouvez votre centre, votre havre de sérénité, rétablissez l'équilibre dans votre vie en prenant en charge votre bien-être émotionnel. La responsabilité personnelle consiste à traiter sainement vos émotions, ainsi qu'à prendre soin de votre état mental et de vous-même.

# As de Deniers

△ Abondance, Manifestation, Prospérité

Les opportunités sont disponibles pour vous en abondance, surtout dans le monde matériel. Les manifestations prennent forme dans le domaine financier et vous plantez les graines de la croissance future. La Terre est fertile, insufflant une énergie nouvelle, des atouts inédits et la bonne fortune. Vous êtes riche, pas seulement financièrement, mais aussi dans vos relations, votre carrière et votre famille. Vous êtes riche de manière holistique ! Continuez à envoyer de bonnes vibrations pour qu'elles vous reviennent. Les idées débordent de potentiel et de possibilités pour l'avenir, et vous attirez des ressources pour votre nouvelle entreprise. Faites preuve de bon sens et d'esprit pratique pour amplifier votre croissance et avoir un impact dans le monde réel. L'Univers vous soutient dans votre expansion sous forme d'affaires et d'investissements. Demandez et vous recevrez !

▽ Problèmes de paiement, Réévaluation, Difficultés financières

Faites très attention à vos finances – peut-être aurez-vous besoin de cette réserve supplémentaire que vous avez économisée ! Manifester peut sembler un peu plus difficile avec des revers financiers, mais ne vous laissez pas démonter. C'est juste un signe pour réévaluer votre perception de ce qui fonctionne et de ce qui ne fonctionne pas. N'ayez pas peur de demander l'aide d'un conseiller financier ou de faire vos propres recherches en matière d'investissement. Pesez le pour et le contre avant de vous engager à effectuer des paiements que vous ne pourrez pas assumer. Peut-être avez-vous envie de gravir les échelons et êtes-vous obsédé par l'argent, au détriment de l'équilibre des autres domaines de votre vie. Ayez un plan avec des objectifs financiers que vous voulez atteindre et créez une stabilité pour vous-même ! Vous jetterez ainsi les bases de l'avenir de votre nouvelle entreprise, même s'il ne s'agit pour l'instant que d'une idée.

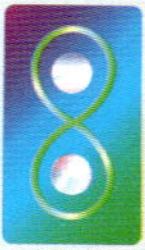

# Deux de Deniers

△ Équilibre, Hiérarchisation des priorités, Affaires courantes

Vous êtes aussi occupé qu'une abeille ! Votre style de vie animé vous garde actif, bourdonnant d'un endroit à l'autre. Avec l'As de Deniers, vous aviez une vision en tête : il s'agit maintenant de prendre des mesures quotidiennes pour la mettre en œuvre. Vous pouvez avoir une vue d'ensemble, mais n'oubliez pas les coups de pinceau individuels nécessaires pour créer ce tableau complet. Les détails sont tout aussi importants, si ce n'est plus. Établissez une structure permettant de vous concentrer sur les tâches importantes à accomplir pour construire votre vision à long terme. Il y a de la liberté dans les limites. Le signe de l'infini symbolise la quantité illimitée de temps, de flux et de changements à votre disposition. Vous êtes confronté à des intérêts contradictoires et devez donner la priorité à ce qui est le plus important à ce moment précis. Comme le dit Aristote : « Le tout est plus grand que la somme de ses parties. »

## ▽ Instabilité financière, Négligence, Désorganisation

Occupé en permanence, vous n'avez pas une minute pour vous ! Le paiement des factures dans les délais et la gestion des finances ont été relégués au second plan par rapport à toutes les autres activités de votre vie. Il est temps de vous organiser. Établissez un calendrier et respectez-le. Bloquez des tâches pour vous concentrer sur tous les domaines, et pas seulement sur le travail et « l'avancement ». Créez un budget et commencez à construire votre patrimoine, une étape à la fois. En raison d'efforts constants, peut-être avez-vous négligé la gestion de vos affaires courantes et vos relations, ce qui pourrait vous coûter ces dernières à long terme. Le surengagement finit par créer le chaos lorsque vous ne vous réservez pas suffisamment de temps. Les distractions vous empêchent de vous focaliser sur ce qui est important à vos yeux. Dépensez votre énergie à bon escient. Il vous appartient de choisir les domaines où vous investissez votre temps !

# Trois de Deniers

△ Travail d'équipe, Collaboration, Synergie

Le travail d'équipe donne de la réalité aux rêves ! Les graines de vos idées prennent racine au fur et à mesure que vous faites les démarches pour vous développer et croître. La collaboration avec des âmes partageant les mêmes idées est un must pour obtenir un succès inspiré. Chacun apporte des compétences différentes, améliorant d'autant le projet. Il existe une synergie entre vous tous. Vous conjuguez vos efforts vers votre objectif commun : créer un résultat étonnant et significatif. Constituez une équipe avec des membres dont les talents complètent les vôtres, par exemple trouver une personne à l'esprit analytique pour l'associer avec une personne à l'esprit artistique. Le yin et le yang de vos forces et faiblesses combinées vous permettront d'apprendre et de vous faire grandir les uns les autres pour produire un effet de trinité. Comme le disaient les Beatles : *« I get by with a little help from my friends. »* [Je m'en sors avec un peu d'aide de mes amis.]

## ▽ Défi, Luttes de pouvoir, Compétition

La compétition et les luttes de pouvoir créent des failles dans votre environnement professionnel. L'énergie injectée dans la compétition consume votre temps et votre vigueur au détriment du travail en commun, et vous la consacrez plutôt à jeter votre collègue en pâture ou à vous défendre contre toute attaque. Vous avez du mal à être vu et entendu par vos pairs. Ces derniers préfèrent exprimer vivement leurs propres opinions plutôt que d'écouter les vôtres. Le manque de travail d'équipe et de respect ne contribue pas à vous épanouir dans ce milieu, engendrant frustration et ressentiment. La tension continue d'enfler alors que les problèmes ne sont toujours pas résolus. Réfléchissez à ce que serait pour vous un environnement de travail idéal pour faire éventuellement des propositions. Vous ne pouvez pas créer une symphonie sans aucune harmonie.

# Quatre de Deniers

△ Contrôle, Stabilité, Esprit conservateur

Enfermé à double tour, vous avez mis vos finances à l'abri avec une sécurité redoublée. Vous avez le contrôle total de vos entrées et de vos sorties et vous montez consciencieusement la garde. L'épargne est une habitude que vous avez maîtrisée et vous avez accumulé suffisamment de fonds à la banque pour être financièrement stable et indépendant. Vous contrôlez parfaitement la façon de dépenser votre argent et vous valorisez vos biens. Bravo pour votre discipline visant à mettre de l'ordre dans vos finances. Mais veillez à ne pas être avare au point de ne pas vous permettre de profiter des fruits de votre travail. Assimiler la sécurité financière à la valeur personnelle crée une dépendance à l'égard de l'accumulation de sommes, quel qu'en soit le montant. N'oubliez pas ceci : vous êtes intrinsèquement digne, quoi qu'en dise votre compte en banque.

▽ Matérialisme, Égoïsme, Frugalité

Donner la priorité à l'intérêt personnel sur tout le reste peut facilement se transformer en avidité. En dépensant de manière frugale par peur de tout perdre, vous vous accrochez fermement à votre capital existant, sans droit à l'erreur. Vous partez à la conquête de rentrées supplémentaires en vous appuyant sur ce principe : avoir plus de choses signifie plus de sécurité émotionnelle et financière. Les gains matériels ne sont pas la réponse à vos problèmes. Toujours travailler sans jamais se détendre bloque tout espoir de relations réelles. Prenez du temps pour vous ! Vous méritez de profiter de vos revenus de temps en temps. Ne laissez pas l'argent contrôler votre vie et vos décisions. Sachez que peu importent les sommes que vous détenez et la quantité de choses que vous pouvez acheter, ce ne sont pas elles qui vous comblent en fin de compte. Cherchez ce qui vous passionne et vous rapporte de l'argent – c'est ce qui changera la donne.

# Cinq de Deniers

△ Abandon, Malchance, Perte

Épreuves et tribulations : la période est marquée par des pertes, des déficits et des difficultés. Cette récession économique vous a durement touché. Vous sentez votre estime de soi chuter en même temps que votre trésorerie. Vous avez l'impression d'être abandonné par les autres, livré à vous-même pour vous débrouiller. Les portes sont fermées, vous conduisant à remettre en question l'Univers, voire vous-même. Mettez votre ego de côté et demandez de l'aide – vous seriez surpris de constater combien de personnes sont prêtes à vous soutenir dans les moments difficiles. Cette perte est peut-être indépendante de votre volonté, mais demandez-vous ce qui a permis à ce malheur de se produire. Assumez-en votre responsabilité personnelle et cherchez comment vous pouvez vous reconstruire. Changez votre attitude à l'égard de l'argent et développez un état d'esprit positif pour l'attirer à nouveau vers vous. L'adversité ne fera que vous rendre plus fort.

▽ Rétablissement financier, Persévérance, Épargne

La persévérance dans les moments difficiles forge incontestablement le caractère. Le Cinq de Deniers inversé est un signe que les difficultés que vous avez rencontrées touchent à leur fin ! Vous êtes en passe de générer une nouvelle source de revenus, qu'il s'agisse d'un nouvel emploi ou d'un revenu passif. Vous êtes capable de vous remettre sur pied et d'être indépendant, une fois de plus. Ce test de personnalité montre que vous avez les moyens de survivre pendant les épreuves et d'en sortir fort de l'autre côté ! Réfléchissez et faites l'inventaire de vos richesses, intérieures comme extérieures. Si ce défi vous a appris quelque chose, c'est que l'argent n'est pas tout et ne peut acheter votre bonheur. Libérez-vous de votre état d'esprit marqué par le manque et la pauvreté, puis reconstruisez vos finances, une étape à la fois.

# Six de Deniers

△ Donner et recevoir, Flux, Prospérité

Donner et recevoir sont en équilibre divin, créant un flux harmonieux. La générosité remplit votre âme : vous comprenez que partager vos richesses avec les autres est beaucoup plus satisfaisant que de les garder pour soi. Peut-être êtes-vous enclin à faire des dons à des organisations caritatives, à rendre service à votre communauté ou à prêter de l'argent à un être cher, en sachant que vous avez plus qu'assez pour donner. Investir dans une autre personne ou organisation, c'est aussi investir dans vos convictions et dans l'avenir que vous voulez vivre. Mais le don ne se limite pas à l'argent ! Vous pouvez également donner vos talents et votre temps, qui sont tout aussi appréciés. À l'autre bout du spectre, peut-être êtes-vous celui qui reçoit un soutien financier ou les cadeaux d'un autre ! Tout est lié, et le bon karma revient vers vous. Accueillez la prospérité qui circule dans votre vie avec grâce et aisance.

▽ Avidité, Profiter d'une personne, Dette

Faites attention de ne pas vous faire exploiter financièrement. Vous êtes une personne généreuse de nature, mais tout le monde ne vous rend pas la pareille. Suivez vos finances et assurez-vous que votre solde vous permet de maintenir votre style de vie. En effet, vous avez tendance à dépenser l'argent que vous n'avez pas. La cupidité vous entoure, et les personnes impliquées ne se soucient que de leur propre gain. Soyez très prudent par rapport aux domaines où vous dépensez ou prêtez votre argent, car vous risquez de ne pas le récupérer. Cela peut également concerner une relation où vous donnez constamment et où votre interlocuteur prend constamment, créant un déséquilibre dans votre partenariat, ou vice versa. Apprenez à faire passer vos besoins avant tout le reste et à prendre en charge vos finances. Vous ne pouvez pas donner aux autres ce que vous n'avez pas.

# Sept de Deniers

△ Patience, Investissement, Durabilité

Le travail acharné porte ses fruits ! Les graines ont été plantées et vous commencez maintenant à voir les fruits de vos efforts. Tel un dur à cuire, vous envisagez l'avenir avec une stratégie à long terme, en investissant pour obtenir les meilleurs rendements. Le timing est la clé de la pérennité de vos entreprises, vous cultivez vos idées avec le soin qu'elles méritent. Il ne s'agit pas seulement d'argent, mais aussi de passion ! Vous mettez du sang, de la sueur et des larmes dans quelque chose qui vous tient vraiment à cœur, en édifiant la pierre angulaire de votre liberté personnelle. Vos idées se concrétisent et se développent visiblement sous vos yeux. La patience est la clé, un certain temps peut s'avérer nécessaire avant de voir se manifester la façon que vous aviez envisagée. Il n'y a pas de plans pour s'enrichir rapidement ici : vous visez le long terme.

▽ Efforts inutiles, Restructuration, Faible rentabilité

Avoir une participation dans plusieurs entreprises peut sembler être une décision intelligente, mais vous épuise en réalité. Vos efforts risquent d'être inutiles, avec un faible retour sur investissement. Faites des recherches relatives à votre prochain mouvement financier et prenez une décision sur la direction à prendre en fonction de vos résultats. Vous vous sentirez plus sûr de vous lorsque vous aurez plus d'informations sur le domaine de placement de votre argent et sur ce que vous pouvez en attendre. Créez un système pour vous-même afin d'automatiser vos décisions et vos actions financières. L'investissement ne concerne pas seulement l'argent, mais aussi votre temps. Où mettez-vous vos efforts ? Votre énergie est-elle utilisée au mieux de votre temps ? Faites un audit de vos activités et éliminez celles qui vous épuisent.

# Huit de Deniers

△ Travail, Persévérance, Habileté

Travailler vos talents exige passion, patience et courage. Apprendre par la pratique est exactement ce que vous êtes en train de faire en ce moment. Vous vous concentrez entièrement sur l'assimilation de nouvelles compétences et la maîtrise du métier que vous avez choisi. L'activité et l'engagement vous donnent l'avantage. Vous êtes déterminé à réaliser le meilleur travail possible. L'acquisition d'une nouvelle technique ou l'élargissement de votre champ d'action prend du temps. Vous savez toutefois que cela en vaut la peine au bout du compte. Continuez sur votre lancée ! Votre patience, votre engagement, votre concentration et votre dévouement sont mis à l'épreuve, mais vous êtes assurément prêt à relever le défi. Jour après jour, vous vous améliorez, sachant que vos talents s'accumuleront au fil du temps. Plus vous vous appliquez, plus il sera gratifiant pour vous de voir d'où vous êtes parti et jusqu'où vous êtes arrivé.

## ▽ Jugement sur soi, Impatience, Perfectionnisme

Votre perfectionnisme, synonyme de focalisation sur des détails mineurs, limite votre capacité à créer un travail exceptionnel. La frustration s'accumule après avoir consacré tant de temps et de ressources à un projet peu gratifiant. Votre patience a des limites et vous vous demandez si cette entreprise mérite de fournir tant d'efforts. Recentrez-vous sur les raisons qui vous poussent à apprendre ces nouvelles compétences et sur les avantages que vous en tirerez à long terme. Ne portez pas de jugement sur votre rapidité et votre capacité à les acquérir, évitez de vous comparer aux autres. Tout prend du temps ! Vous êtes sur votre propre chemin. Les difficultés font partie du voyage et en valent la peine si vous vous appliquez. Donnez-vous la liberté de faire des essais et des erreurs, décidez de ce qui fonctionne le mieux pour vous.

# Neuf de Deniers

△ Authenticité, Splendeur, Vitalité

Faites-vous plaisir ! Vous le méritez. Votre travail acharné paie et vous en récoltez maintenant les fruits. Vous vous sentez en paix avec votre situation financière, vos revenus et votre emploi du temps. Vivez pleinement entouré de luxe, autorisez-vous à profiter de l'abondance que vous avez créée. L'heure est venue de célébrer et de vous faire plaisir, qu'il s'agisse d'acheter l'article qui vous faisait de l'œil ou de vous accorder du temps pour vous reposer. En restant fidèle à vous-même et à votre vision, vous améliorez !a qualité de votre vie. Faites preuve d'authenticité en disant oui à votre esprit d'indépendance et aux créations que vous produisez pour les intégrer dans ce monde. Reconnaissez vos réalisations et les efforts déployés pour atteindre ce havre d'épanouissement et de satisfaction. Riche en inspiration, connectez-vous et ravivez la beauté unique que vous possédez et offrez au sein de ce monde.

▽ Auto-sabotage, Matérialisme, Dépendance

Des plumes tape-à-l'œil sans substance pour soutenir le clinquant et le glamour ne peuvent pas vous mener bien loin. Vous sentez au plus profond de votre être que vous êtes destiné à plus que votre situation actuelle, mais quelque chose vous en empêche. Changez votre état d'esprit et plongez profondément dans vos croyances fondamentales susceptibles de saboter vos intentions. Vous faire valoir avec des atouts que vous ne possédez pas finira par vous attirer des ennuis. Avoir « le meilleur » de tout façonne votre vision de la vie, affecte vos relations et vous met la pression pour maintenir un revenu élevé vous permettant d'assumer vos dépenses. Définissez les aspects importants à vos yeux et la plus-value apportée dans votre vie par les gains matériels. Votre véritable valeur n'est pas définie par vos possessions. Que signifie avoir « le meilleur » pour vous et pour votre valeur personnelle ? Vous seul pouvez le définir.

# Dix de Deniers

△ Soutien communautaire, Richesse, Héritage

Accomplissement et réalisation : vous avez atteint un moment de succès au cours de votre voyage, vous avez affronté des défis et les avez surmontés. Les fondations de la réussite ont été posées. Vous pouvez dorénavant décompresser, vous détendre et apprécier vos efforts. Votre contribution, sous forme de temps et de talents proposés à votre communauté, est appréciée, cette dernière étant plus que disposée à vous soutenir en retour. Vous accordez de l'importance à l'héritage et à la tradition, et vous faites en sorte de pouvoir encore avoir un impact longtemps après votre départ. Qu'il s'agisse de subvenir aux besoins de vos proches ou de créer une œuvre d'art qui résistera à l'épreuve du temps, vous affirmez qui vous êtes et ce que vous représentez. La richesse vous entoure de manière holistique, vous soutenant continuellement via l'amour, la communauté et la stabilité.

▽ Ruine financière, Blâme, Destruction

Le château s'écroule en raison de fondations branlantes. Vous subissez un échec financier, vos possessions, vos investissements et vos biens sont en danger. L'argent est un bouc émissaire à l'origine de vos problèmes : vous cherchez quelqu'un à blâmer pour vos décisions financières. Cela pourrait également signifier un divorce et un partage des biens. Revenez sur vos pas et interrogez-vous sur la véritable cause de ce dilemme. Le mode survie est pleinement activé alors que vous cherchez des moyens de rétablir la stabilité. Votre passé peut éclairer votre avenir et exposer le schéma des croyances qui circulent dans votre inconscient. Pensez à toutes les façons dont l'argent a apporté de la joie dans votre vie, et faites appel à cette énergie. Ce moment est temporaire et vous avez encore la possibilité de reconstruire votre avenir.

# Princesse de Deniers

△ Soif de connaissances, Ancrage, Aspects pratiques

Faites de vos rêves une réalité ! Vous avez une vision claire en tête et vous mettez maintenant des plans d'action en œuvre pour la réaliser. Vous êtes ouvert à la formation continue pour élargir vos connaissances. Cela inclut l'acquisition de nouvelles compétences pratiques à appliquer directement dans votre vie. Vous avez une soif d'apprendre qui alimente votre esprit d'entreprise avec curiosité et émerveillement. Le moment est venu de rassembler des ressources, constituer des actifs et poursuivre des objectifs concrets. Il est facile de se perdre dans ses rêves, mais la Princesse de Deniers vous demande de garder les pieds sur terre pour utiliser votre créativité dans le monde réel. En transformant le travail en jeu, vous vous permettez d'aborder l'apprentissage comme une nouvelle aventure. Allez de l'avant avec raison et sens pratique, mettez le cap sur l'expansion. Réalisez votre potentiel en vous autorisant à grandir.

▽ Rêveries, Retards, Complaisance

Vivre dans un monde onirique avec des idées grandioses et confuses ne vous mènera pas loin. Appliquez vos compétences et agissez pour réaliser la grande vision à laquelle vous vous destinez. La tâche peut sembler décourageante, mais, après avoir pris l'habitude d'y travailler jour après jour, elle deviendra plus facile. Pensez à votre vision à long terme et à la façon dont vos actions actuelles vous empêchent d'atteindre votre objectif. Élaborer un plan avec des étapes tangibles peut vous rapprocher de la clarté et du mouvement. Peut-être êtes-vous accablé sous l'effet du surmenage. Rechargez votre énergie en faisant une pause ! La réserver pour le long terme, c'est travailler plus intelligemment et non plus durement. Votre passion mérite d'être vue et entendue. Rendez service au monde et montrez-lui de quoi vous êtes capable.

# Cavalier de Deniers

△ Récolte, Dévouement, Routine

Qui va lentement va sûrement ! Adepte des méthodes éprouvées, le Cavalier de Deniers s'évertue à cheminer avec patience et fiabilité. La routine vous fait progresser, et vous avancez petit à petit, jour après jour. Vous êtes digne de confiance pour accomplir vos démarches et aimez les suivre étape par étape. Le sens pratique guide vos décisions car vous préférez jouer la carte de la sécurité. Vos devoirs sont orientés vers la responsabilité et l'engagement : vous vous consacrez pleinement à la gestion des moindres détails pour que tout fonctionne. Les progrès sensibles sont satisfaisants car vous savez que c'est la preuve que votre stratégie fonctionne. Rien ne peut arrêter le personnage : il sait ce qu'il veut et n'aura de cesse de l'obtenir ! Restez fidèle à votre noble vision et vous finirez par voir les résultats.

▽ Ennui, Monotonie, Apathie

La répétition vous entraîne vers le bas par l'ennui et l'apathie : vous désirez un peu de spontanéité dans votre existence ! Vous vous sentez actuellement coincé dans une routine, toutes vos journées se suivent et se ressemblent en raison du manque de variété. Pimentez votre existence ! Même si des activités comme régler des factures ou préparer le dîner ne sont pas très excitantes, vous pouvez trouver des moyens de les rendre amusantes. L'entretien quotidien fait partie de la vie, et ignorer les questions pratiques vous attirera des ennuis. Vous pourriez également résister au changement, préférant rester en sécurité. D'autres peuvent décrire la lame inversée comme ennuyeuse et banale. Des modes de vie conservateurs risquent de vous empêcher d'expérimenter ce que cette dernière a à offrir. Cherchez des moyens d'y insuffler passion et excitation ! Bougez et laissez-vous porter par le courant pour éviter de stagner.

# Reine de Deniers

△ Terre-Mère, Nourrissage, Foyer domestique

Il n'y a rien de tel dans ce monde que l'amour d'une mère. La Reine de Deniers représente la Terre-Mère par excellence, elle vous nourrit avec amour, réconfort et soutien. Elle maintient un équilibre entre sa vie privée et sa vie professionnelle, créant des environnements douillets et chaleureux pour ses proches. Les gens se sentent en sécurité et comme chez eux en sa présence, faisant confiance à sa générosité et à son esprit. La Reine est pratique et ingénieuse dans ses relations, sachant en tirer tout le parti possible. Elle vous demande d'investir en vous-même pour créer une liberté ultime, sur les plans financier et spirituel. Plus vous possédez, plus vous êtes en mesure de partager et de donner aux autres. Ancrez-vous dans vos désirs d'indépendance et de sécurité financière avec une attitude terre à terre. Laissez l'abondance couler naturellement.

▽ Addiction au travail, Étouffement, Isolement

Que du travail, aucun loisir ! Vous êtes peut-être complètement immergé dans votre carrière en ce moment, travaillant dur pour subvenir aux besoins de votre famille. Ce qui, ironiquement, vous prive aussi de moments de qualité avec vos proches. Vous vous sentez dépassé, vous vous efforcez de jongler entre votre carrière et votre vie familiale, et vous vous sentez incapable de vous occuper des deux. Retournez dans un endroit où vous pourrez vous ressourcer et vous recentrer. L'équilibre est la clé de la durabilité, tant pour votre santé que pour votre équilibre mental. Si vous vous interrogez sur votre capacité à être financièrement indépendant, faites confiance à votre instinct. Vous n'avez pas besoin de vous épuiser à la tâche pour atteindre cet objectif pour vous et votre famille. Prenez du recul et voyez où vous pouvez passer moins de temps à tout contrôler. Travaillez plus intelligemment, pas plus durement.

# Roi de Deniers

△ Réalisation des objectifs, Prospérité, Abondance

Une lame imposante et responsable ! Incarnant les capitaux sous toutes ses formes, le Roi de Deniers est un signe de sécurité, de prospérité financière et de gains matériels. Il incarne votre homme d'affaires, avec des modèles éprouvés, des entreprises multiples et en pleine croissance. Son énergie respire l'ambition et la confiance, s'élevant à chaque retournement de situation. Il est déterminé et a la responsabilité de vivre sa meilleure vie, ce qui inclut la sécurité et la réussite financière. Il est un pourvoyeur, son patrimoine fournissant une richesse globale. Les opportunités sont nombreuses si vous êtes travailleur, ouvert et sérieux. Il existe une richesse dans son vibrato, qui s'étend de son apparence à sa spiritualité. En recherchant la qualité plutôt que la quantité, vous élèverez votre vibration des personnes jusqu'aux lieux et choses. Prenez plaisir à faire du profit et regardez votre richesse atteindre des sommets gratifiants !

▽ Arrogance, Égotisme, Parcimonie

Le Roi de Deniers inversé incarne un homme possessif par rapport à ses finances et à ses biens. Il se vante souvent et il est impressionné par le statut social, avec le désir de faire partie des 1 % les plus riches. Dépensier excessif, il a peu de considération pour les besoins des autres. Ce comportement met à mal sa stabilité et sa dépendance. Il y a une limite à l'extravagance lorsqu'elle se compose d'ego et non de générosité. Sa richesse s'accompagne d'un complexe de supériorité. Il croit que les sommes sur son compte bancaire définissent son immense valeur personnelle. Égoïste et suffisant, gagner de l'argent est sa priorité numéro un. Il compare et juge souvent les autres en fonction de leurs revenus. La lame inversée vous rappelle que votre valeur nette est un cumul de votre richesse dans les relations, l'esprit et l'amour. L'argent n'est pas tout !

# As d'Épées

△ Clarté, Pur Pouvoir, Avancée

L'As d'Épées va droit au but, livre vérité et clarté de manière réaliste. Votre potentiel est à son maximum, mettant en œuvre votre pouvoir personnel. Vous êtes en mesure d'étouffer le bruit et de voir clairement le chemin que vous voulez prendre. Votre esprit est aiguisé comme un rasoir, capable de gérer toutes les tâches qui se présentent à vous. Après avoir subi des blocages mentaux, vous êtes maintenant sur le point de faire une percée ! Grâce à vos expériences, vous êtes doté d'une nouvelle vision du monde et d'une perspective qui vous permet d'accéder à votre créativité de manière stratégique. Chercheur de vérité, vous êtes prêt à vous battre pour la justice avec le feu et l'intensité de votre intellect affûté. De grands pouvoirs impliquent de grandes responsabilités. Maniez votre épée avec précaution, car elle exerce une forte influence.

▽ Confusion, Casse-tête, Désarroi

Pur chaos, votre esprit est dispersé et vous êtes incapable de vous concentrer. Les pensées y flottent sans pouvoir s'ancrer dans des idées concrètes. Trop nombreuses, elles s'y bousculent et vous examinez celles à abandonner. Vivre trop longtemps à l'intérieur de votre tête altère votre perception de ce qui est réel et de ce qui ne l'est pas. Il est temps pour vous d'obtenir un avis extérieur afin d'y voir plus clair. Des amis et des membres de la famille dignes de confiance vous donneront leur avis, mais, au final, le choix vous appartient. Il est temps de redescendre de votre nuage et de savoir clairement ce que vous voulez ! Soyez aussi précis que possible lorsque vous décrivez votre scénario de rêve. Agissez avec méthode par rapport à vos décisions. Il est terrible de gaspiller un esprit, surtout le vôtre.

# Deux d'Épées

△ Impasse, Immobilité, Indécision

Vous êtes à l'arrêt complet, le temps passe alors que vous vous efforcez de prendre une décision. De nombreux choix s'offrent à vous. Or, vous trouvez plus facile d'éviter le problème, en vous protégeant des conséquences possibles. Remettre à plus tard la prise d'une décision ne fera qu'aggraver la situation. Consultez toutes les parties de vous-même et utilisez votre corps comme un capteur pour évaluer ce qui vous semble juste. Les différentes parties de votre Moi bavardent constamment et se battent toutes pour attirer votre attention. Faites une trêve jusqu'à ce qu'elles parviennent à un accord pacifique. Rassemblez autant d'informations que possible pour combler les vides et répondre à toutes vos préoccupations. Équilibrez vos désirs et vos besoins en pesant le pour et le contre de cette décision. Interrogez-vous sur l'intention du résultat souhaité, en croyant que c'est pour votre plus grand bien.

∇ Conflit, Indécision, Surcharge mentale

Pourriez-vous répéter ? Les nouvelles se bousculent constamment, communiquées à un rythme tel qu'elles sont trop nombreuses pour être assimilées correctement. Ne cédez pas à des décisions hâtives, influencées par des opinions extérieures. Vous pourriez aussi vous trouver au milieu d'un tir croisé et, ce faisant, être blessé par inadvertance. Vos différentes facettes vous bombardent d'informations, les messages étant lancés à des vitesses trop rapides pour être captés. Les dilemmes actuels n'offrent aucune solution, coûtant au passage des partenariats. Il y a trop de données à ingérer et vous êtes en pleine surcharge mentale ! Ralentissez un peu pour donner du sens à tout ce qui vous arrive. Déchargez-vous du poids des problèmes des autres ! Ce n'est pas à vous de le supporter. Prenez soin de votre santé mentale en éliminant votre mauvais karma !

# Trois d'Épées

△ Cœur brisé, Rejet, Douleur

La douleur perce le cœur, perforant l'âme par la même occasion. Un chagrin d'amour n'est jamais facile : vous êtes submergé par une peine si grande qu'elle vous engloutit complètement. Les sacrifices et les relations brisées pèsent lourd sur votre cœur, occupant tout votre espace mental. Le rejet, le doute, la solitude et la trahison vous suivent, tandis que vous vous remettez des blessures résultant de ce choc émotionnel. Croyez que vous êtes assez fort pour survivre et que les douleurs finiront par s'estomper avec le temps. Les leçons les plus douloureuses définissent notre force de caractère. Utilisez cette émotion puissante comme un carburant ! Pleurez si vous en ressentez le besoin. Cassez quelque chose, frappez votre oreiller – tout ce qui peut vous aider à libérer ces émotions fortes. Vous vous sentirez mieux lorsque vous vous serez autorisé à céder à l'inconfort et à éprouver pleinement la souffrance.

∇ Libération de la douleur, Guérison du cœur, Pardon

Les cœurs brisés se réparent avec le temps. Vous vous êtes accordé un moment pour faire le deuil de vos pertes. Vous êtes maintenant prêt à lâcher prise et à aller de l'avant. Les épées glissent hors de votre cœur brisé, vous libérant de votre prisme de douleur. De l'engourdissement au chagrin d'amour, vous arrivez au bout de vos montagnes russes émotionnelles, vous donnant la liberté de regarder vers l'avenir avec espoir et une compréhension approfondie de vos besoins et de vos désirs. Le passé s'attarde encore dans l'ombre de votre environnement, hantant vos souvenirs avec des remords sur ce que vous avez perdu. En vous pardonnant à vous-même et en pardonnant à ceux qui vous ont blessé, vous purifierez votre âme de toute tristesse pour faire place à la joie. La guérison est un processus. Par conséquent, soyez fier de vous pour tout le travail que vous avez accompli pour être en mesure d'avancer.

# Quatre d'Épées

△ Rechargement, Savasana, Repos

Savasana, pose de yoga de la relaxation profonde, est l'acte ultime d'abandon conscient. Ne rien faire du tout est plus difficile qu'il n'y paraît, mais c'est exactement ce que le Quatre d'Épées vous demande ! Affronter les défis devient plus facile lorsque nous nous accordons un moment pour respirer. Utilisez ce temps pour recharger les batteries afin d'avoir assez d'énergie pour le prochain défi à relever. Cette période de pause est idéale pour réfléchir et corriger le tir si besoin est. Le silence est plus que bienvenu : il vous offre l'espace nécessaire pour être présent avec votre intuition et les messages qu'elle a pour vous. Si vous n'êtes pas sur votre trajectoire, utilisez-le pour vous réaligner sur vos valeurs et votre objectif principal. Régénérez votre pouvoir pour vous mettre pleinement en valeur dans vos relations, vos activités et votre vie.

### ▽ Épuisement, Burn-out, Surmenage

Essayer de tout faire en même temps vous empêche en réalité de progresser. Le manque de concentration disperse votre énergie, et rien ne se concrétise. Faites un pas après l'autre et concentrez-vous sur la tâche à accomplir. Votre esprit s'emballe et votre corps fait de son mieux pour tenir la cadence ! Vous ignorez peut-être vos besoins physiques, ce qui vous conduira inévitablement au burn-out et au surmenage. Reconnectez-vous avec vos désirs spirituels et votre corps. Ce dernier est un réceptacle qui véhicule l'âme, alors agissez avec diligence pour en prendre soin ! Votre état mental en souffrira si vous ne le faites pas. Veillez à ne pas trop réfléchir, vous risqueriez de créer des problèmes qui n'existent pas. Il y a un certain confort à rester occupé, car vous avez peur de ce que le silence apportera. Penchez-vous et écoutez – c'est souvent ce que nous avons le plus besoin d'entendre.

# Cinq d'Épées

△ Intérêt personnel, Conquête, Survie

À quoi bon gagner si vous n'avez personne avec qui partager vos succès ? Même si vous avez eu le dernier mot, vous risquez de perdre vos relations et votre réputation. En mode survie, vous êtes prêt à tout pour écraser la concurrence ! Vous menez des conquêtes et des efforts en permanence, quel qu'en soit le prix. Ce besoin d'avoir raison gonfle votre ego, mû par la peur de perdre le contrôle. Votre ambition d'être admiré pousse les gens à vous fuir de crainte que vous finissiez par les jeter dans la fosse aux lions. Vos réussites sont accueillies avec ressentiment au lieu de la reconnaissance que vous désirez secrètement. Demandez-vous si vous vous sentez comblé par vos victoires et à quel prix. Perdez la bataille, gagnez la guerre !

▽ Oubli et pardon, Amendement, Conflit

Suite à un conflit, vous êtes empêtré dans une situation empreinte de tension, provoquant un stress et une anxiété inutiles. Soyez prêt à pardonner et à oublier, pour laisser le drame derrière vous une fois pour toutes. Si cela s'avère être un fardeau, n'oubliez pas de prendre d'abord soin de vous. Être égoïste de temps en temps est tout à fait normal ! Protégez votre magie pour avoir plus à donner. Être empli de soi-même signifie simplement s'approprier ses dons. Il existe un besoin de faire ses preuves et de prouver qu'on a raison. Ne gaspillez pas votre énergie à essayer de faire valider vos opinions par les autres. Tout ce dont vous avez besoin, c'est d'une approbation de votre part. Des schémas de conflit peuvent vous suivre, signifiant que vous avez des problèmes du passé non résolus. Guérissez ces blessures profondes en plongeant dans les tréfonds de votre inconscient. Ce n'est qu'alors que vous pourrez aller pleinement de l'avant.

# Six d'Épées

△ Transition, Migration, Lâcher-prise

Les temps changent avec la marée montante. En ce moment, vous faites de votre mieux pour rester à flot ! Le changement n'est pas toujours facile, mais c'est une transition nécessaire dans votre vie. Des environnements nouveaux et étranges vous donnent l'impression d'être à la dérive, surtout sans vos proches et le confort de votre foyer. Sachez que vous pouvez toujours revenir vers vous lorsque vous commencez à vous sentir dépassé. Quitter votre port d'attache vous permet de grandir et de vous développer de manière inattendue ! Les opportunités étaient limitées dans le passé, et vous vous êtes aventuré sur un nouveau territoire pour améliorer votre avenir. Un nouveau territoire signifie une nouvelle perspective. En effet, les environnements nous façonnent pour que nous devenions ce que nous sommes. Surfez sur la vague : il est plus facile de suivre le courant que de résister à l'attraction de la marée.

### ∇ Résistance, Blocage, Stagnation

L'auto-sabotage contrôle vos actions sans même que vous vous en rendiez compte ! En répétant ces comportements, vous restez bloqué au même endroit au lieu d'avancer. Quels que soient vos efforts, le passé vous rattrape, et le moins que l'on puisse dire, c'est qu'il est autodestructeur. Traîner un bagage émotionnel vous alourdit avec des souvenirs que vous ne pouvez pas changer, qui persistent dans le présent et influencent vos futures actions. La peur de l'inconnu vous protège, même si elle entraîne la stagnation. La lame inversée rappelle gentiment ceci : le changement est bénéfique. Elle vous incite à être courageux pendant cette transition. Elle ouvrira des portes dont vous ne soupçonniez pas l'existence. Toutefois, vous devez faire confiance au processus. Ouvrez-vous et autorisez-vous à effectuer la transition vers une nouvelle situation.

# Sept d'Épées

△ Tromperie, Discrétion, Secrets

Méfiance, méfiance ! Faites attention aux personnes auxquelles vous vous ouvrez : peut-être ne sauront-elles pas garder vos secrets. C'est le moment d'être discret et de vous protéger, car se confier aux autres peut causer plus de mal que de bien. Les méthodes sournoises utilisées pour prendre le dessus peuvent être gratifiantes si vous ne vous faites pas prendre. La tromperie est en jeu, que vous soyez le prédateur ou la proie. Vous voyez ce que vous pouvez vous permettre et repoussez les limites pour prendre l'avantage. Rechercher des raccourcis semble séduisant, car vous ne voulez pas perdre de temps ou faire des efforts dans des choses qui n'ont aucune importance à long terme. À vos yeux, vous travaillez plus intelligemment, et non plus durement. Cependant, soyez lucide quant aux conséquences de cette ligne de conduite sur votre conscience et à son impact possible sur les autres.

▽ Évasion, Libération de la conscience, Révélation

Fatigué de garder des secrets, vous voulez montrer à tous votre personnalité la plus authentique. Confronté à d'anciens schémas et systèmes de croyances, vous avez maintenant assez de courage pour adopter une honnêteté radicale. Le mensonge et la dissimulation vous pesaient et affaiblissaient votre vibration. Si vous envisagez de prendre une décision malhonnête, le Sept d'Épées inversé est le signe que vous allez à coup sûr vous faire prendre et en payer le prix ! Vous êtes fatigué de continuer cette mascarade et vous abandonnez le rôle que vous jouiez. Les manières trompeuses sont derrière vous et vous préférez vivre dans la vérité et la clarté. Vous êtes prêt à travailler dur pour construire de nouveaux modèles sains qui vous soutiendront dans la poursuite de vos objectifs et de vos rêves. La vérité vous libèrera !

# Huit d'Épées

△ Limitation, Confinement, Restriction

Vous portez des œillères, vos nombreux angles morts vous empêchent de percevoir des perspectives différentes. Prisonnier dans votre esprit, vous pensez qu'il n'existe aucune issue et vous ne parvenez pas à concevoir un plan d'évasion. Cependant, regardez autour de vous. Remarquez que les chaînes autour de vos bras ont été desserrées pendant tout ce temps. C'est une prison que vous vous êtes infligée et vous avez tous les outils nécessaires pour vous en évader. Les opportunités sont innombrables, si vous choisissez de les voir. En fait, vous avez le choix. Une pensée limitée conduit à des chemins encore plus étroits dans votre prison limitante. Avoir besoin de la permission d'un autre que vous-même signifie renoncer à votre pouvoir. Reprenez ce qui vous appartient ! La seule permission nécessaire est celle émanant de vous-même. Changez votre perspective pour vous ouvrir et permettre aux possibilités infinies d'affluer.

▽ Éveil, Libération, Ouverture au changement

Apprendre de ses erreurs passées est la meilleure stratégie pour vivre au mieux sa vie. Vous êtes prêt à ressortir plus fort de vos expériences douloureuses. Par ce biais, vous êtes ouvert au changement, vous vous êtes accepté tel que vous êtes, avec tous vos défauts et qualités. Une telle démarche vous libère de tout jugement de soi et de tout doute que vous vous êtes infligé dans le passé. Prendre ses responsabilités est essentiel. Vous comprenez que vous avez un pouvoir total sur vous-même, votre passé et votre avenir. Vous reconnaissez que la vie fourmille de choix et que votre façon de répondre à ses défis est l'un d'entre eux. Donnez-vous les moyens en créant des opportunités au lieu d'attendre passivement qu'elles se présentent. La vraie liberté tient simplement au fait d'être soi-même !

# Neuf d'Épées

△ Anxiété, Inquiétude, Détresse

Un vrai cauchemar : vos pires craintes se réalisent. Vous avez réussi à manifester vos inquiétudes en pensant constamment aux pires scénarios, créant anxiété et stress. Faire une montagne d'un rien perpétue votre désespoir et alimente votre mélancolie. La peur et le doute vous paralysent et vous empêchent d'aller de l'avant, les scénarios « et si » tournant sans cesse dans votre tête. Vous êtes paralysé par la peur et l'incertitude handicapantes que vous avez créées, vous culpabiliser ne fait qu'aggraver les choses. Transformez-vous pour sortir de l'obscurité et bondir hors de l'ombre ! Devenez votre propre fan et reconnaissez-vous pour tout le bien que vous avez fait. Célébrez vos victoires et savourez les bénédictions. Apaisez votre anxiété en vous rappelant que tout n'est pas perdu !

▽ Pleine conscience, Choix conscients, Schémas de pensée

Prendre conscience des schémas de pensée négatifs vous a donné le super-pouvoir de gérer vos idées et vos émotions. Grâce à vos expériences, vous avez pris conscience que tout finira par s'arranger. L'anxiété surgira de temps en temps. Vous serez certainement confronté à des situations stressantes, mais vous avez dorénavant les outils pour y faire face. Il est facile de laisser vos pensées vous échapper, mais pas si elles vous causent du stress et des soucis inutiles. Se séparer d'elles est un choix sain. En laissant votre ego se débarrasser de son besoin de contrôler les situations, vous avez la liberté de lâcher prise et d'être simplement tel que vous êtes. Ressentir toute la gamme des émotions est normal, la différence c'est que vous avez maintenant les outils pour les gérer. Vous êtes prêt !

# Dix d'Épées

△ Trahison, Fatalité, Poignardé dans le dos

Poignardé dans le dos sans aucun avertissement, vous vous sentez trahi par ceux en qui vous aviez confiance. Allez-vous vous défendre ou laisser tomber ? Ce revers inattendu ressemble à un échec et vous cherchez quelqu'un à blâmer, même si c'est vous-même. Sacrifier vos besoins peut permettre aux gens de profiter de vous. C'est un coup dur pour votre estime de soi et il vous faudra du temps pour remonter la pente. Évitez de vous apitoyer sur votre sort pour attirer l'attention. Les pertes sont souvent ressenties comme des échecs, mais essayez de les considérer comme une transition douloureuse pour recommencer à zéro. Les mauvaises nouvelles sont généralement difficiles à avaler. Toutefois, il vous est impossible de grandir sans changement, même s'il est douloureux. Les temps sont difficiles, mais vous ne pouvez que vous élever à partir d'ici ! Avec le lever du soleil, l'aube apporte un nouveau jour.

▽ Victimisation, Rétablissement, Transformation

Des événements dramatiques vous ont conduit à réévaluer fortement tous les domaines de votre vie. Vous vous débarrassez de toute chose inutile, vous purgez tous les bagages superflus pour pouvoir entamer un nouveau cycle, empreint d'une sagesse issue de vos expériences de vie. Les anciennes croyances ne résonnent plus en votre for intérieur et vous changez de perspective. Éviter le changement pour éviter la douleur ne fait que prolonger l'inévitable. La transformation personnelle vous impose d'abandonner l'ancien pour faire place à la nouveauté. Vos ruminations mentales sur les pires scénarios vous rendent inquiet pour l'avenir, vous paralysant et vous empêchant de vivre dans le présent. Faites l'inventaire de vos pensées, croyances et attitudes, identifiez clairement celles que vous voulez garder et celles que vous voulez éliminer. Autorisez votre conscience à vous aider à grandir à partir de vos expériences.

# Princesse d'Épées

△ Curieuse, Loquace, Vive

Les étincelles s'élèvent et volent, et vos yeux brillent. Des millions d'idées trottent dans votre tête et vous êtes impatient d'en parler à tout le monde ! Vous brûlez d'excitation, votre créativité et votre intelligence ne peuvent être contenues. La Princesse d'Épées vous incite à mettre vos idées en pratique et à foncer. Jeune, idéaliste, chercheur de vérité, vous avez le don de l'éloquence, associé à la capacité de transmettre efficacement des informations. Vous écrivez et parlez facilement, ce qui vous aidera lorsque viendra le temps de diffuser vos idées et votre message. Vous avez soif d'apprendre : vous posez constamment des questions et voulez connaître le « pourquoi » du fonctionnement des choses. Votre énergie et votre curiosité considérables sont inépuisables, elles se nourrissent de votre volonté de trouver des réponses. Avec le temps vient l'expérience. Plus vous poursuivez votre quête, plus vous gagnerez en sagesse et en expérience.

▽ Contrariété, Ennui, Moulin à paroles

Remettre en question l'autorité avec une attitude « je-sais-tout » risque de devenir lassant très rapidement. Vous vous ennuyez et avez besoin de stimulation mentale pour suivre le rythme de vos pensées rapides comme l'éclair. Parler sans agir suscite la méfiance entre vous et vos pairs. Faire des promesses que vous ne pouvez pas tenir n'est pas de bon augure pour votre réputation et ne s'aligne pas avec vos intentions. La communication est une voie à double sens. Prenez conscience de votre façon de parler aux autres. Elle risque de les froisser et vous donnerez l'air d'être ennuyeux plutôt qu'intelligent. L'excitation vous stimule, mais votre énergie est dispersée lorsque vous essayez de tout faire en même temps. La peur d'être jugé par votre entourage peut vous empêcher de diffuser vos pensées et vos idées. Ne vous laissez pas abattre par les détracteurs ! Le monde veut entendre ce que vous avez à dire.

# Cavalier d'Épées

△ Concentration intense, Radicalité, Obsession

Lorsqu'on veut, on peut ! Des intentions fortes et une concentration intense forgent la voie à suivre. Vous ne perdez pas de vue l'objectif, et rien ne peut vous arrêter. Si les choses ont été lentes, le Cavalier d'Épées est un signe qu'elles vont devenir bien plus soutenues ! Vos compétences en communication sont excellentes, vous êtes capable de transmettre efficacement un message. Élevez et aiguisez votre mental en vous entourant de personnes partageant les mêmes idées que vous. Il est admirable de se lancer à corps perdu dans une entreprise passionnée. Méfiez-vous simplement des effets à long terme susceptibles de produire les raccourcis. Expédier des projets peut signifier négliger de contrôler la qualité à long terme. Assumez la responsabilité de vos actions et de leur impact éventuel sur les autres. Surveillez la qualité de vos créations et tirez parti du processus ! La vie est un voyage, après tout.

▽ Impatience, Impulsivité, Témérité

L'impatience mène la danse et vous ne vous souciez guère de ce que pensent les autres, ou des défis à relever. Votre désir et votre envie de faire l'expérience de la vie vous poussent à prendre des décisions impulsives, sans vous soucier des conséquences. Prendre un moment pour réfléchir à vos actions pourrait vous éviter de commettre de graves erreurs. Vous vous êtes affranchi des croyances avec lesquelles vous avez grandi, ce qui vous a conduit à vous forger votre propre vision du monde. Dans votre empressement, vous laisserez forcément des plumes en cours de route. La plupart des gens vous avertissent du risque d'être blessé, mais vous montrez fièrement vos cicatrices ! Elles attestent de vos expériences concrètes. Commettre des erreurs fait partie du processus – ce qui compte vraiment, c'est le temps nécessaire pour vous relever.

# Reine d'Épées

△ Intelligence, Méticulosité, Capacités intellectuelles

Privilégiant l'intelligence plutôt que la beauté, la Reine d'Épées place l'intellect au-dessus de tout. Elle n'a aucun problème à dire les choses telles qu'elles sont, avec classe et assurance. Elle est directe, spirituelle, honnête, voire brusque. Elle est capable d'utiliser son discernement et peut facilement voir au-delà des motivations cachées. Elle vous demande de faire la part des choses et de rassembler les informations qui vous permettront de trouver une solution claire et nette. Détachez-vous de vos émotions pour utiliser votre œil critique avec impartialité et clarté. La Reine d'Épées aime aller droit au but et utilise le tact pour y parvenir, préférant se connecter à un niveau intellectuel. Les âmes sensibles peuvent percevoir son franc-parler comme un signe de froideur et la surnommer la « Reine des Glaces ». Ce n'est pas qu'elle s'en moque, elle veut simplement être honnête.

▽ Reine des Glaces, Esprit critique, Détachement

Une réflexion objective est nécessaire ici ! Les émotions obscurcissent votre processus de pensée et peignent votre esprit avec des couleurs qui n'améliorent pas forcément le tableau. Il existe un équilibre délicat entre vos sentiments et les faits. Il est temps de se regrouper et de considérer la vue d'ensemble. Faites appel à votre logique pour examiner la situation sous tous les angles, avec transparence et honnêteté. À l'inverse, être trop froid et oublier la compassion est tout aussi dommageable ! Agresser les autres à coups de critiques et d'étroitesse d'esprit peut effrayer ceux qui essaient de vous aider. Les gens risquent de vous trouver acariâtre et de penser qu'il est difficile de vous côtoyer. Se montrer très critique dans des situations difficiles est important. Toutefois, appuyez-vous sur la logique et les faits pour savoir si vous avez pris la bonne décision.

# Roi d'Épées

△ Clarté, Force mentale, Capacités cérébrales

Le pouvoir réside dans l'esprit ! La force intellectuelle est l'atout du Roi d'Épées, gouvernant avec dignité et autorité. Son jugement est éclairé, basé sur l'objectivité pour trouver la vérité honnête. Il se détache des émotions et croit qu'il faut résoudre les problèmes en utilisant son intellect et son objectivité empreinte de justesse. Réussissant dans un cadre de structures et de règles, il est capable de visualiser les systèmes et de se tourner vers l'histoire pour trouver ses réponses. Il vous demande d'accumuler une foule de connaissances et de vous détacher de vos émotions. Faites des recherches avant de prendre des décisions importantes, en pesant soigneusement toutes les options avec minutie. L'expérience a conduit le personnage à adopter des règles et à diriger avec une boussole consciente. Dans son royaume, la structure permet à la liberté de s'épanouir.

▽ Maltraitance mentale, Soif de pouvoir, Esprit manipulateur

D'un charme empreint de ruse, le Roi d'Épées inversé gouverne égoïstement pour son propre compte. Il emploie ses pouvoirs intellectuels pour manipuler ceux qui ne sont pas aussi forts que lui mentalement et les persuader avec son esprit rusé. Il a tendance à faire étalage de son intelligence, se sentant ainsi supérieur aux autres. Ses paroles très critiques ont le pouvoir de vous crucifier, vous donnant l'impression d'être impuissant en sa présence. Défiez son autorité, et vous en paierez sûrement le prix. C'est à vous de décider. La lame inversée peut également indiquer un manque de clarté et une indécision par rapport à vos souhaits. Rationalisez vos pensées et utilisez votre logique pour vous aider à prendre la décision d'agir ! En faisant un pas vers l'objectif, vous accédez à votre pouvoir personnel.

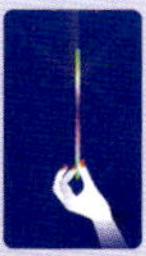

# As de Bâtons

△ Illumination, Inspiration, Pur Potentiel

Foncez ! Réveillez votre potentiel illimité et accueillez votre pouvoir personnel. Tous les signes sont clairs, et l'As de Bâtons vous encourage à poursuivre vos rêves sans réserve. Prenez tout l'espace nécessaire et autorisez-vous à vous déployer. Vous pouvez faire tout ce que vous avez décidé, et rien ne vous retient ! L'instinct l'emporte sur l'intellect. C'est en suivant le premier que vous serez le mieux servi à ce moment de votre vie. L'illumination et l'inspiration vous entourent, vous soutenant dans ce moment décisif de découverte personnelle. Écoutez votre intuition et le message qu'elle vous adresse. Misez tout sur la manifestation de vos désirs pour les voir s'épanouir au fil du temps. Passez au niveau supérieur avec votre ambition ardente et laissez-la brûler ! Les possibilités sont infinies et les opportunités abondantes.

∇ Imprécision, Ambiguïté, Irrésolution

L'appel à l'action vous propulse, mais vous ne savez pas trop dans quelle direction aller, vous vous sentez démotivé et peu inspiré. Les désirs et les passions sont ambigus, vous commencez à vous interroger sur ce qui vous enflamme vraiment. Le moment est venu d'explorer et de découvrir ce qui vous tient vraiment à cœur et les domaines où résident vos passions. Dans la poursuite de ces dernières, peut-être vous sentez-vous limité par vos responsabilités quotidiennes. De fait, vous doutez de vos capacités à réaliser vos rêves. Dans quoi tailleriez-vous pour vous offrir l'espace propice à votre épanouissement et créer grâce à votre inspiration ? Vivez la vie la plus remplie possible et donnez-vous du temps pour satisfaire vos désirs. Une fois que vous aurez trouvé une direction claire, vous serez prêt à vous lancer ! En attendant, soyez patient. Rome ne s'est pas faite en un jour.

# Deux de Bâtons

△ Progression, Exploration, Perspectives

Un nouveau monde crie votre nom, et vous avancez avec confiance, prêt à voir la suite ! Un chemin séduisant est tracé devant vous et vous avez conçu un plan pour agir et progresser vers vos plus grandes ambitions. Cependant, vous êtes confronté à l'obligation de quitter votre zone de confort pour vous aventurer en territoire inconnu. La vue d'ensemble est claire, et vous savez de quoi vous êtes capable. Audacieux et intrépide, vous utilisez votre pouvoir personnel et permettez aux autres de faire de même. Il n'est pas toujours facile de décider de quitter le confort de son foyer. Toutefois, cela peut être nécessaire pour votre développement personnel. Prenez le risque ! Et ayez un plan de secours. Vous apprendrez beaucoup sur vous-même et découvrirez le monde de bien des façons. Comme l'a écrit J. R. R. Tolkien : « Tous ceux qui errent ne sont pas perdus. »

▽ Doutes, Limitations, Zone de confort

Vous avez tant d'idées sans savoir par où commencer ! Votre génie créatif est à pied d'œuvre, débordant de possibilités, mais il ne progresse pas vraiment sans de nouvelles étapes concrètes. Réfléchissez à votre vision d'ensemble et affinez vos idées jusqu'à celle qui vous mènera là où vous voulez aller. En donnant la priorité à votre passion, vous vous donnez la priorité. La route qui s'ouvre devant vous offre de nombreuses possibilités, mais peut-être vous heurtez-vous à une certaine résistance à vous engager dans cette voie. Vous avez peur de quitter un terrain familier, vous préférez rester dans votre zone de confort, même si vous avez conscience que ce choix limite vos possibilités d'évolution. Écoutez votre voix intérieure et laissez-la vous guider vers l'endroit où réside votre inspiration. Donnez-vous l'autorisation de suivre votre passion !

# Trois de Bâtons

△ Persévérance, Anticipation, Progression

« La chance est ce qui arrive quand la préparation rencontre l'opportunité », affirme le philosophe romain Sénèque. Grâce à votre persévérance, vous avez progressé régulièrement dans vos projets et vous êtes sur la voie menant à votre grande vision. Vos méthodes visionnaires propulsent votre équipe. Ayez une vue d'ensemble de votre vie pour anticiper toutes les possibilités qui s'offrent à vous. Cela vous préparera aux bonnes et aux mauvaises nouvelles de sorte que vous serez beaucoup plus apte à relever les défis. Suivre votre curiosité vous a conduit sur le chemin visant à acquérir des compétences uniques et à assimiler des informations utiles susceptibles de vous aider à vous développer extérieurement comme intérieurement. C'est une période où les voyages sont encouragés, et où vous plongez dans les aspects qui enflamment votre âme. Voyez grand – vos pensées sont les graines de l'action.

▽ Barrières, Planification médiocre, Obstacle

Obstacle après obstacle, vous vous sentez frustré et inquiet. Vous avez une vue d'ensemble, mais vous vous heurtez à des écueils sur votre chemin. Des plans avec des étapes détaillées, mais aussi une date limite, ont été annulés, donnant l'impression d'une perte de temps. Dans un état constant d'accablement, vous êtes hors-jeu et incapable de vous adapter aux défis qui se présentent à vous. Cette situation peut également résulter d'une planification médiocre et de fondations fragiles. Prenez vos pertes pour ce qu'elles sont et réalignez-vous sur votre grande vision. Demandez-vous quels petits pas vous pouvez faire aujourd'hui pour vous rapprocher de la réalisation de vos rêves. Tout cela fait partie du voyage. Vous disposez de toutes les ressources nécessaires pour surmonter vos difficultés.

# Quatre de Bâtons

△ Foyer, Colonne vertébrale, Fondation

Centré et stable, vous avez construit des fondations solides depuis le début et vous commencez à voir vos idées se concrétiser. La stabilité permet la liberté, donc vous n'avez pas à vous soucier des petites choses ! Profitez du temps que vous passez avec les personnes qui vous sont les plus chères, partagez le succès et les vibrations bienfaisantes. Votre récent statut de casanier vous permet d'apprécier votre foyer et la façon de passer votre temps libre. Ancré dans votre esprit, votre corps et votre âme, vous vous sentez en sécurité en vous-même et trouvez un sens au foyer intérieur. Votre forte conscience de soi vous permet d'être en paix et d'accepter qui vous êtes. Célébrez vos victoires, petites ou grandes. Acceptez les erreurs que vous avez commises : ce sont elles qui vous rendent humain !

▽ Instabilité, Incertitude, Volatilité

Le foyer est peut-être le dernier endroit où vous voulez être en ce moment. L'instabilité de l'environnement domestique peut vous procurer un sentiment d'insécurité quant à votre place dans les relations et les espaces. La communication est désynchronisée. Quels que soient vos efforts, vos explications restent vaines. Une incertitude plane quant à votre avenir et à votre prochaine destination. Il est difficile de s'engager, donc n'en attendez pas tant d'une nouvelle relation. Si cet état vous incombe, soyez indulgent envers vous-même, donnez-vous le temps de décider si vous vous sentez « chez vous » avec cette personne. Combattre ou fuir, le choix vous appartient. Dans votre cœur, vous savez que vous devez vous déplacer vers un terrain plus stable si la situation ne s'améliore pas. L'énergie est insoutenable et vous désirez un sol solide.

# Cinq de Bâtons

△ Compétition, Diversité, Rivalité

L'odeur de la compétition flotte dans l'air ! Tout le monde autour de vous semble avoir une opinion et personne n'est prêt à écouter. Un peu de compétition n'a jamais fait de mal à qui que ce soit, mais seulement si les gens sont prêts à faire des compromis au bout du compte. Si vous êtes perçu comme un rival, c'est uniquement parce que vous avez de nombreux talents à offrir qui ne peuvent être ignorés. La diversité est bénéfique et indispensable, qu'il s'agisse d'opinions ou de culture. Les différences peuvent permettre une meilleure compréhension et une plus grande compassion sur le plan humain. Être vu et entendu est le désir de chacun. Si vous le souhaitez pour vous-même, vous devez être prêt à faire de même pour quelqu'un d'autre. Peut-être existe-t-il un conflit intérieur où vous êtes entraîné par différentes parties de votre Moi. Harmonisez-vous avec ce que vous voulez vraiment. Vous seul savez ce qui est le mieux pour vous.

▽ Éviter le conflit, Compromis, Trêve

Les conflits sont désagréables, mais fuir vos problèmes ne résoudra rien. Les étouffer dans l'œuf peut vous aider à vous entraîner à les affronter plutôt que de vous y dérober. Dans l'acte d'évitement, vous avez tendance à disperser votre énergie et à prolonger le conflit, ne faisant que l'aggraver ! Il peut également s'agir d'un modèle de compromission de vos valeurs pour apaiser les autres. Peut-être ressentez-vous un esprit de compétition, notamment de la part de vos collègues de travail. Écoutez votre instinct pour savoir en qui vous pouvez avoir confiance. En effet, certaines personnes n'ont pas votre intérêt à cœur. Apprenez à choisir vos batailles et demandez-vous si les mener en vaut la peine. Réservez votre énergie pour les futurs affrontements d'envergure et faites une trêve pour apaiser la situation. Parfois, il est plus utile de maintenir la paix que d'avoir raison.

# Six de Bâtons

△ Victoire, Validation, Reconnaissance

Vous enchaînez les réussites ! Vous êtes déchaîné et rien ne peut vous arrêter. On remarque votre succès et on reconnaît vos talents. Malgré tous les défis, vous avez réussi à persévérer et à vous en sortir. C'est la validation dont vous avez besoin pour continuer et croire que vous êtes sur la bonne voie. Sur le toit du monde, votre confiance s'envole, stimulée par la positivité et le soutien qui vous entourent. Les éloges, les récompenses et la reconnaissance ne sont que le début de votre réussite. N'oubliez pas de prendre un moment et de regarder en arrière pour voir où vous étiez et où vous êtes maintenant. La perspective vous permettra de garder les pieds sur terre face à toute cette attention naissante. Soyez fier de vous ! Vous méritez ce succès, et bien plus encore.

▽ Dépression, Appréhension, Reconstruction de la réputation

Les efforts constants que vous déployez sans que rien ne vienne les récompenser vous amènent à vous demander si tout ce temps et tout cet acharnement en valent la peine. Peut-être avez-vous l'impression que vos succès sont considérés comme acquis, et que vous n'avez pas reçu la reconnaissance et la validation nécessaires pour continuer. Le doute s'accroît avec la montée de votre niveau de stress, et vous rencontrez une résistance dans votre cheminement actuel. La honte publique vous pousse à vous retirer, car vous êtes incapable de répondre aux attentes. Suivez votre instinct pour savoir où aller ensuite. Reconstruisez-vous et rétablissez la réputation de l'expert que vous savez être. Le succès exige de transpirer. Alors, assurez-vous que votre feu est alimenté par des désirs correspondant à vos valeurs et aux bienfaits que vous voulez insuffler dans ce monde.

# Sept de Bâtons

△ Attaque, Défi, Rester ancré

« Vous ratez 100 % des tirs que vous ne tentez pas », a dit Wayne Gretzky. Il s'agit d'aller chercher ce que vous voulez, en jouant à la fois l'attaque et la défense. Vous êtes arrivé jusqu'ici par vos propres moyens. Il vous appartient dorénavant de pérenniser votre succès et de maintenir votre réputation. Peut-être êtes-vous assailli de pensées telles que « Suis-je assez bien pour être ici ? », et êtes-vous atteint du syndrome de l'imposteur. Arrêtez cela. Rappelez-vous qui vous êtes, passez en revue toutes vos réalisations antérieures et sachez que vous êtes arrivé là où vous êtes pour une bonne raison. Battez-vous avec intégrité et honneur lorsque vous affrontez vos défis. Tenez bon quand c'est nécessaire et ne reculez pas. Persévérez tout au long de cette épreuve, comme vous l'avez fait dans le passé. Tout le monde ne vous aimera pas, mais on vous respectera pour avoir revendiqué vos droits.

▽ Esprit territorial, Perte de pouvoir, Accablement

L'accablement obscurcit vos pensées et vos actions, tandis que vos tâches s'accumulent jusqu'à devenir incontrôlables. Au début, votre revendication du pouvoir consistait à tenter de tout contrôler. Or, maintenant, elle a complètement envahi votre vie. Le surengagement vous empêche de briller. Vous avez trop de responsabilités à assumer, vous êtes incapable de les équilibrer et de leur accorder l'attention requise. Il n'y a pas de place pour respirer car vous renoncez à votre pouvoir en compromettant votre position et en reculant trop facilement. Il existe une rigidité dans le fait de garder votre territoire et vos possessions par peur de les perdre. Reprenez le contrôle de vous-même et supprimez de votre vie tout ce qui ne vous sert plus. Retrouvez votre sens du pouvoir et du respect en vous souvenant de la véritable essence de votre être.

# Huit de Bâtons

△ Progrès, Mouvement, Action rapide

À vos marques, prêt, partez ! Votre rythme régulier s'est transformé en un véritable sprint et vous avancez plus vite que jamais. Le progrès est un processus et vous vous consumez avec une force frénétique, précipitant vos projets pour les concrétiser rapidement. Les choses se mettent en place, de manière fortuite. Au sein de la structure, règnent la liberté, de l'espace pour plus d'expression personnelle et de créativité. Les limites vous permettent de penser aux tâches importantes, en concentrant vos efforts au lieu d'épuiser vos réserves. Nourri par votre passion, vous avancez plus vite que jamais, trouvant l'inspiration en cours de route ! Un tourbillon de possibilités se déploie librement dans votre entourage, avec vous au centre de la tempête. Profitez des opportunités qui se présentent à vous. L'Univers travaille en votre faveur !

▽ Précipitation, Impatience, Urgence

L'impatience grandit à mesure que les retards croissants vous empêchent d'agir. L'ajournement vous décourage et vous êtes irrité par la déficience du système en général. Cependant, ce peut être une bénédiction déguisée. Votre attitude constante et dynamique peut vous amener à commettre des erreurs imprévisibles en cours de route, qu'elles se soient déjà produites ou non. Aller à cent kilomètres à l'heure peut révéler un rythme effréné, et vous pourriez négliger certains détails clés en vous déplaçant à cette vitesse. Faites preuve de patience et respirez. Ralentir et apprécier ce que vous avez vous permet de refaire votre plein de créativité et d'inspiration si nécessaire. Le temps est constant, contrairement à votre énergie. N'oubliez pas d'apprécier le voyage en cours de route, y compris les détours et les arrêts au stand.

# Neuf de Bâtons

△ Sagesse, Persévérance, Dernière ligne droite

Vous y êtes presque ! Vous voyez la ligne d'arrivée et, au dernier moment, vous êtes confronté à un autre obstacle. Ce défi peut être considéré comme un revers ou un test de votre personnalité. Attendez-vous au pire et protégez-vous contre toute attaque prévisible. Mieux vaut être préparé que de le regretter plus tard ! Tout au long de ce voyage, vous avez accumulé de l'expérience et acquis suffisamment de sagesse pour faire face à toute éventualité. Vous disposez d'outils pour affronter vos luttes intérieures. Dorénavant, vous avez confiance en vos capacités à surmonter et à persévérer. Croyez en votre force et en votre pouvoir pour aller jusqu'au bout. Apprenez de vos erreurs pour surmonter facilement les revers à l'avenir. Les défis sont difficiles, mais ayez foi en vos capacités à les relever. Vous pouvez y arriver !

▽ Claustrophobie, Ressentiment, Indécision

Les corvées du passé peuvent vous rendre paranoïaque et vous faire croire qu'on vous en veut. De fait, vous ne souhaitez pas vous engager à long terme et craignez d'être piégé par les responsabilités. Vous êtes arrivé jusqu'ici par vos propres moyens, mais les compétences qui vous permettront de passer au niveau supérieur vous font défaut. Recherchez une personne possédant des aptitudes complémentaires aux vôtres, qu'il s'agisse d'un planificateur financier ou d'un concepteur créatif. Le mode survie vous plonge dans un état où vous pensez être attaqué, alors que rien de dangereux ne se produit en réalité. Ces peurs peuvent aussi vous empêcher d'aller de l'avant et vous préférez rester dans votre zone de confort. Faites la paix avec elles pour avancer vers vos rêves les plus fous.

# Dix de Bâtons

△ Devoir, Responsabilité, Obligation

À force de persévérance et de longues nuits de travail acharné, vous avez atteint vos objectifs. Maintenant que vous avez concrétisé votre idée, il s'agit de l'entretenir et de l'aider à se développer. Cette nouvelle entreprise s'accompagne d'une série de nouvelles obligations. Peut-être vous sentez-vous accablé par cette responsabilité et pensez-vous que vous devez tout faire tout seul. Envisagez de vous agrandir et de déléguer vos tâches pour ne pas porter tout le poids sur vos épaules. N'ayez pas peur de demander du soutien lorsque vous en avez besoin ! Priorisez ce que vous aimez vraiment faire, puis identifiez vos forces et vos faiblesses. Permettez à d'autres personnes de vous épauler pour réaliser diverses tâches qui ne vous procurent pas de joie, et concentrez-vous sur la vue d'ensemble. En vous libérant du poids de ces fardeaux, vous vous donnez la priorité. Vous n'êtes pas obligé d'agir seul.

▽ Martyre, Ressentiment, Lourdeur

Le martyre est devenu votre royaume, vous exécutez vos obligations pour exprimer votre culpabilité, votre victimisation et votre impuissance. En assumant des responsabilités et en attendant une éventuelle contrepartie pour chaque action que vous entreprenez, vous serez constamment déçu lorsqu'on ne répondra pas à vos attentes. Cela crée une pression inutile, car vous essayez de maintenir votre image tout en vous accrochant au ressentiment. Entraînez-vous à donner sans attendre quelque chose en retour. Débarrassez-vous des obligations qui vous pèsent, désintoxiquez-vous des personnes, activités et objets qui ne vous servent plus. Retournez à un lieu mêlant inspiration et joie afin d'être motivé pour continuer à avancer, empli d'espoir pour l'avenir. Acceptez la responsabilité comme une liberté qui vous permet de vivre votre vie comme vous l'entendez.

# Princesse de Bâtons

△ Expression créative, Étincelle, Esprit libre

Positive et passionnée, la Princesse de Bâtons danse avec un abandon empreint de légèreté. Elle a une vision enthousiaste de la vie et déborde d'idées qu'elle meurt d'envie de partager avec les autres. Ouverte à la découverte, elle aspire à l'aventure et veut essayer tout et n'importe quoi. En explorant l'inconnu, elle apprend à mieux se connaître. Catalyseur de changement, elle insuffle un élan d'inspiration pour lancer de nouveaux projets qui vous permettront de continuer à créer votre chemin vers votre vision. L'expression créative de soi est son mantra. La lame vous encourage à être exactement qui vous êtes, à vous mettre en avant et à vous montrer sous votre vrai jour ! Elle apporte souvent des nouvelles passionnantes, qu'il s'agisse de surprises ou d'idées inédites. Les possibilités sont infinies. Vivez inspiré et libre comme l'air !

▽ Déflation, Liberté d'échouer, Expérience d'apprentissage

Les choses ne se sont pas passées comme prévu ces derniers temps. Les grandes idées qui vous inspiraient sont tombées à plat après plusieurs tentatives pour leur donner vie. C'est une déception, qui ne doit pas toutefois vous empêcher d'essayer de nouvelles choses ! Vous êtes novice en la matière, alors soyez indulgent avec vous-même. Il est facile de s'enliser dans le perfectionnisme, état susceptible de vous paralyser avant même d'avoir commencé. Heureusement, les dégâts sont minimes et vous pouvez vous rétablir rapidement. Énoncer des idées pour voir ce qui fonctionne est un processus total, qui vous donne la possibilité d'expérimenter. C'est une expérience d'apprentissage à réitérer à l'avenir pour éviter de refaire les mêmes erreurs. « L'échec est un détour, pas une voie sans issue », affirme Zig Ziglar. Accordez-vous la liberté d'échouer et de vous relever.

# Cavalier de Bâtons

△ Ambition, Preneur de risques, Pragmatisme

Agir d'abord, penser ensuite. Animé par une ambition ardente, le Cavalier de Bâtons est prêt à affronter le monde et à assurer sa place parmi les meilleurs. Passionné par sa voie, il s'engage pleinement pour réaliser ses rêves. Débordant d'enthousiasme, il se laisse facilement emporter par l'attrait de la célébrité et de la gloire. Il se précipite dans des situations qui le propulseront au premier rang. Équilibrez vos impulsions par une pensée rationnelle et réfléchissez à la route à suivre. N'attendez pas que les choses viennent à vous – saisissez toutes les occasions qui se présentent ! En avançant rapidement, vous ne serez plus obligé de remettre en question vos actions. Même si vous ne savez pas ce qui vous attend, le Cavalier de Bâtons vous encourage à aller de l'avant. Soyez prêt pour l'aventure et voyez la suite !

▽ Impatience, Négligence, Attitude irréfléchie

Vivant au jour le jour, le Cavalier de Bâtons inversé indique une perte de contrôle résultant de son impatience et de son comportement imprudent. Les actions impulsives conduisent à commettre des erreurs et à se précipiter sans penser aux répercussions possibles. La frustration et la colère surgissent à chaque retard, ne font qu'empirer avec le temps. Prendre des risques vous fait avancer, mais il faut aussi parfois être prudent. Par manque de prévision, vous gérez péniblement les activités quotidiennes, vous gaspillez encore plus d'énergie à éteindre des incendies. Réalignez-vous sur votre vision et donnez-vous le temps de structurer un plan. Vous méritez de réussir. Cela implique de bien réfléchir à chaque étape et à sa mise en œuvre. Soyez patient ! Vous arriverez à vos fins en temps voulu.

# Reine de Bâtons

△ Vivacité, Dynamisme, Authenticité

Incarnation féminine du feu, la Reine de Bâtons est une femme forte et indépendante qui n'a pas peur de dire ce qu'elle pense. Chaleureuse et vive, elle vous donne le pouvoir de poursuivre avec passion vos rêves créatifs. Dotée de multiples talents, c'est un leader naturel qui a le don d'influencer et d'inspirer les autres. Elle a une façon dynamique de vivre la vie et attire souvent des personnes partageant les mêmes idées pour faire partie de sa vision. Inoubliable, elle fait une forte impression lorsqu'elle entre dans une pièce. Sa positivité combinée à sa capacité à faire avancer les choses la propulse souvent sous les feux de la rampe, endroit qu'elle ne connaît que trop bien. La lame vous demande de puiser dans votre authenticité et de partager librement vos passions. Ne retenez rien. En partageant vos dons, vous rendez un grand service au monde !

▽ Intrusion, Litige, Abattement

Attention ! Si la Reine de Bâtons inversée n'obtient pas ce qu'elle veut, ça va barder assurément. Des exigences élevées peuvent mettre le feu aux poudres, créant une ambiance mêlant agression et animosité. Les motivations égoïstes risquent d'engendrer des pitreries manipulatrices, juste pour lui permettre de gagner la partie. Cela pourrait également indiquer une période de perte totale de confiance en votre authenticité. Le feu et l'étincelle qui vous inspiraient auparavant se sont estompés, vous avez temporairement perdu votre pouvoir et votre identité. Vous êtes mal à l'aise sous les feux de la rampe et évitez d'attirer l'attention, vous vous sentez gêné lorsque vous n'y parvenez pas. Prenez un moment pour vous rappeler où se trouvent vos passions et pour vous connecter avec votre voix authentique. Celle-ci veut être entendue ! Votre feu est le carburant de votre essence. Revenez à votre vérité avec intégrité, grâce et aisance.

# Roi de Bâtons

△ Leader naturel, Visionnaire, Entrepreneur

Véritable visionnaire, le Roi de Bâtons donne vie à ses idées avec finesse et intention. Sa nature entreprenante lui permet de donner corps à une idée du début à la fin. La passion gouverne son royaume, où ses visions ont pour but d'avoir un impact sur le monde à grande échelle. Le personnage est capable de diriger et de suivre, de déléguer des tâches efficacement tout en travaillant aux côtés de son équipe. Son plus grand souhait : donner du pouvoir à ceux qui l'entourent pour les inciter à donner le meilleur d'eux-mêmes. Il façonne le monde en fonction de ses idées, soutenu par ceux qui croient en sa vision. Direct et allant droit au but, il vous demande de créer des objectifs pour vous-même avec clarté et imagination. Ne les perdez pas de vue, menez votre vie avec intention et vision. Ne vous arrêtez pas avant d'être arrivé là où vous devez aller !